LE PATCHWORK

COSABETH
PARRIAUD

LE PATCH WORK

DU PREMIER CARRÉ
À LA VESTE OVERSIZE,
22 PROJETS
POUR PROGRESSER

Photographies : Corinne Jamet

MADE IN MARABOUT
100 % CRÉATEUR

Sommaire

Introduction

Les modèles

ENVOI DES Ets L. TESSIER, A BAUGÉ
Gare:
10 Kilos Beurre

LE PATCHWORK OU QUILT

C'est la même chose ! Simplement, on utilise le mot patchwork en France alors que les Anglo-Saxons lui préfèrent le mot quilt.

L'origine du patchwork se perd dans la nuit des temps. On en a trouvé des vestiges en Inde et en Egypte ancienne et, en Europe, les Croisés auraient rapporté la technique de vêtements matelassés découverte en Orient.

Les premiers patchworks européens étaient très simples, le dessus consistant le plus souvent en une seule pièce de tissu, parfois ravaudée, doublée d'un molleton et d'une doublure, le tout maintenu par des points avant.

Ce sont les émigrants européens qui emportent cette tradition vers « le Nouveau Monde » lorsqu'ils traversent l'Atlantique. Elle ne cessera d'évoluer au fil du temps. Apparaissent alors les « blocs », ces motifs réalisés de plusieurs petits morceaux. Voilà l'occasion rêvée de recycler tous les petits bouts de tissus dont on ne perd pas une miette. Ces blocs sont répétés sur la surface de l'ouvrage, parfois séparés par des bordures.

Les motifs sont composés de formes simples – carrés, triangles, rectangles, losanges – et portent des noms reliés à la vie des émigrés comme « Rocky road to Kansas » (route caillouteuse vers le Kansas), ou sont d'inspiration biblique comme « Jacob's ladder » (l'échelle de Jacob) et « Star of Bethlehem » (l'étoile de Bethléem). La nature y est aussi symbolisée comme dans « Wild goose chase » (vol d'oies sauvages) ou « Bear's paw » (patte d'ours). Le célèbre motif « Log cabin » (cabane de rondins) évoque leur lieu de vie.

Les dessus ou « tops » sont souvent réalisés individuellement mais le matelassage, lui, se fait la plupart du temps en communauté sur un grand métier partagé lors de réunions appelées « quilting bee ». Toute jeune fille doit avoir 12 quilts dans son trousseau, auquel s'ajoute un 13e, offert par sa famille et ses amis lors de son mariage.

Lors de la révolution industrielle, l'apparition de tissus de coton bon marché bouleverse petit à petit la tradition. Le patchwork n'est plus seulement utilitaire et confectionné en récupérant des bouts de tissus ; les femmes américaines achètent spécialement des tissus pour réaliser leurs ouvrages.

Bien que le patchwork soit devenu un art populaire à part entière aux États-Unis, la tradition s'essouffle au début du XXe siècle. Elle se ravive dans les années 1960 lorsque les quilts sont à nouveau reconnus pour leur qualité artistique.

Une première exposition les présente au Whitney Museum of American Art en 1971. En 1972, le musée des Arts Décoratifs de Paris accueille l'exposition qui suscite un immense intérêt et fait naître de nombreuses vocations en France, en Europe, au Japon, en Australie...

Aujourd'hui, le patchwork s'inscrit parfaitement dans l'inspirante tendance de récupération pour dire stop à la surconsommation et comble couturières et couturiers du plaisir intemporel de créer, encore et toujours.

LA COULEUR DANS LE PATCHWORK

Le choix des couleurs est un élément clé car c'est ce que l'œil perçoit en premier. La sélection des tissus n'est pas toujours facile car chacun a son propre sens de la couleur, guidé par un choix subjectif qui restreint parfois les possibilités de création. Une approche de la théorie de la couleur et l'étude de l'harmonie dite «objective» enrichira beaucoup vos recherches. La couleur, ça s'apprend!

IDENTIFICATION DES DIFFÉRENTES COULEURS

Elles sont divisées en 12 familles et agencées sur un cercle chromatique. (photo 1)

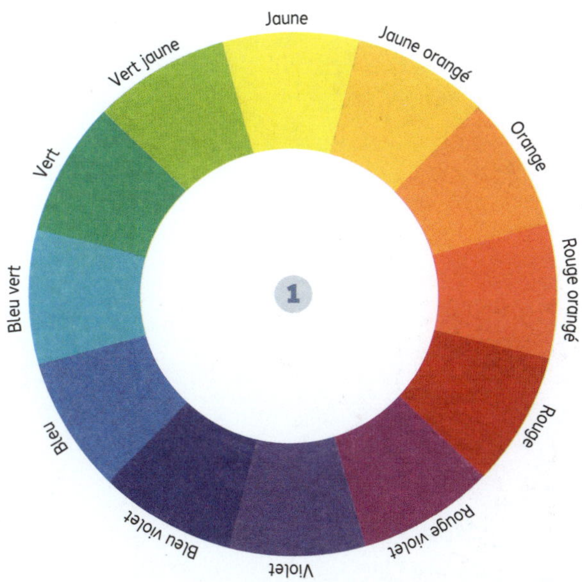

LES COULEURS PRIMAIRES
Au nombre de 3 : ce sont le rouge, le jaune et le bleu.

LES COULEURS SECONDAIRES
Au nombre de 3 : c'est la combinaison des primaires entre elles.
– L'orange (mélange du jaune et du rouge)
– Le violet (mélange du bleu et du rouge)
– Le vert (mélange du jaune et du bleu)

LES COULEURS TERTIAIRES
Au nombre de 6 : c'est la combinaison des primaires et des secondaires.
Le jaune-orangé, le rouge-orangé, le rouge-violet, le bleu-violet, le bleu-vert et le vert-jaune.

DECLINAISON DES 12 COULEURS : VALEUR ET INTENSITÉ

LA VALEUR : c'est le côté clair ou foncé de la couleur.
En peinture, si on ajoute du blanc, on obtient des valeurs claires; si on ajoute du noir, on obtient des valeurs foncées, on crée alors un dégradé.

Exemple : rouge + blanc = rose. Rouge + noir = bordeaux.
Orange + blanc = orange pâle. Orange + noir = marron.
(photo 2 : dégradé de bleu et de vert)

L'INTENSITÉ : c'est le côté vif ou éteint de la couleur.
Si on ajoute du gris à une des couleurs pures du cercle, on obtient une teinte plus éteinte.

Exemple : bleu + gris = bleu gris.

LES COULEURS NEUTRES

Elles ne figurent pas sur le cercle mais elles sont importantes. Il y a le blanc, le noir, le gris (du clair au foncé), le blanc cassé, l'écru, le beige clair...

Elles sont nécessaires pour créer du contraste. C'est en les associant avec vos autres couleurs que vous mettrez en valeur vos motifs.

LE CONTRASTE

Il est fondamental pour que les motifs ressortent bien. Si vous utilisez des tissus trop proches, il n'y aura pas de contraste. Dans la théorie des couleurs, il existe plusieurs contrastes. Le plus facile à utiliser est celui se rapportant à «la valeur» (clair ou foncé) en choisissant des tissus clairs, moyens et foncés.

L'HARMONIE

L'HARMONIE SUBJECTIVE : c'est le goût de chacun. Les «goûts et les couleurs», ça ne se discute pas! Mais la couleur est aussi un phénomène culturel, relié à une époque, à un pays, à son histoire et, qui plus est, fortement influencée par la mode omniprésente. Il n'est pas rare d'ailleurs, au fil de sa vie, de changer de couleur préférée. On peut aimer certaines teintes quand on est jeune, et en préférer d'autres plus tard. Alors, chacun ses goûts certes, mais une approche de l'harmonie objective peut nous aider à élargir notre palette.

L'HARMONIE OBJECTIVE : dans la théorie des couleurs, on définit l'harmonie comme l'équilibre. Une composition équilibrée entre les différentes couleurs sera plaisante à l'œil. Il y a plusieurs pistes à suivre pour apprivoiser cette recherche. En voici deux qui pourront vous aider :

L'association de couleurs complémentaires

Ce sont les couleurs diamétralement opposées sur le cercle.

3

4

5

Il y a 6 paires de complémentaires :

- Jaune et violet
- Jaune-orangé et bleu-violet
- Orange et bleu
- Rouge-orangé et bleu-vert
- Rouge et vert
- Rouge-violet et vert-jaune

Ces couleurs s'accordent très bien et se rehaussent l'une l'autre. Attention cependant à ne pas les utiliser en quantité égale au risque d'avoir un contraste trop fort, voire écrasant. Pensez à les décliner en valeurs et en intensités variées.

Exemple : Si vous réalisez un patchwork dans des tons de vert-jaune, vous pouvez ajouter des notes de rouge-violet (photos 3). *Si votre patchwork est essentiellement dans les bleus, ajoutez une note d'orangé* (photos 4).

L'association de couleurs adjacentes

Ce sont les couleurs qui se suivent sur le cercle chromatique. Elles se marient bien entre elles car elles partagent une couleur commune. Vous pouvez en réunir 2 ou 3 dans un même ouvrage : par exemple bleu et bleu-vert, ou rouge-orangé, rouge et rouge-violet. N'oubliez pas de varier la valeur et l'intensité.

Dans le coussin Étoile par exemple, j'ai choisi trois couleurs adjacentes pour les triangles : rouge (et rose, valeur du rouge), rouge-orangé et orange (photos 5).

MES CONSEILS

Prenez le temps de choisir vos tissus avant de commencer un ouvrage.

Pensez à associer les couleurs à des tons neutres : blanc, blanc cassé, beige, gris, noir, etc. pour les faire ressortir et créer de jolis contrastes.

Entraînez-vous ! N'hésitez pas à réaliser des collages pour vous familiariser avec les associations de couleurs.

LE MATÉRIEL

TISSUS

De nombreux tissus, neufs ou recyclés, conviennent pour réaliser des patchworks. Vous avez l'embarras du choix !

Dans ce livre, j'ai utilisé des tissus en coton, des lainages, des tissus d'ameublement… et j'ai aussi récupéré de vieux jeans et des pulls usés ou démodés.

Les tissus en coton sont souvent en 1,10 m de large.

Le métrage nécessaire à la réalisation des projets est indiqué à chaque fois. Il est calculé assez large pour compter la valeur de couture et vous éviter de manquer de tissu si vous faites une erreur de coupe. Les chutes de tissu restant alimenteront votre armoire pour de futurs projets.

- **Coton** : choisissez de préférence des tissus 100 % coton de bonne qualité. Trempez-les et repassez-les avant de les utiliser. Cela évitera le rétrécissement par la suite, et vous pourrez vérifier que la couleur ne dégorge pas. Si c'est le cas, rincez le tissu plusieurs fois. Si la couleur dégorge toujours, faites tremper votre tissu pendant une heure dans une solution d'1 litre de vinaigre blanc pour 2 litres d'eau. Rincez abondamment. Si la couleur dégorge toujours, évitez de l'utiliser, sauf s'il est associé à des tissus sombres, auquel cas cela n'aura pas d'incidence pour les futurs lavages.
- **Lainages** : vous les trouverez au mètre dans les magasins, ou en chinant de vieux vêtements en tweed dans les braderies.
- **Tissus d'ameublement** : ils sont plus épais que les cotonnades mais s'utilisent très facilement.
- **Les jeans** : recycler vos vieux jeans dans vos ouvrages évite le gaspillage et vous offre une belle palette de bleus. Pour les coudre, il est conseillé d'utiliser le pied coutures épaisses ou pied jean.
- **Vieux pulls** : une belle manière de les recycler lorsqu'ils sont mités ou troués. Pour éviter le tiraillement de la maille lors de l'assemblage, il est conseillé de les encoller sur une vlieseline avant de les coudre.

MOLLETONS

Il en existe de différentes sortes et qualités, choisissez-le en fonction de l'ouvrage à réaliser.

- **Molleton coton :** il supporte des lavages de 40° à 60°, je l'utilise pour les patchworks de bébés.
- **Molleton synthétique :** il existe plusieurs épaisseurs. Pour un panneau mural, choisissez un molleton plat ; pour un plaid, privilégiez un plus épais.
- **Molleton spécial manique** isolant contre la chaleur.
- **Autres choix :** il existe des molletons en soie, en bambou, en laine.

Choisissez des molletons de qualité et assurez-vous qu'ils soient lavables.

MERCERIE

MATÉRIEL DE COUPE

Ces outils ont révolutionné la pratique du patchwork. La coupe des morceaux gagne considérablement en rapidité et en précision.

Il vous faut :

- **Cutter rotatif** et lames de rechanges.
- **Règles et carrés de coupe.** Ils sont transparents et gradués et permettent de couper avec précision vos tissus. Choisissez-les gradués tous les 0,25 cm. Ils existent en différentes dimensions. J'utilise surtout les règles de 12 x 36 cm et de 16 x 60 cm, le carré de coupe de 20 x 20 cm et de 32 x 32 cm.
- **Plaque de coupe.** Une plaque de coupe spéciale pour cutter de 47 x 63 cm.

Si vous n'avez pas le matériel de coupe, vous aurez besoin de :

- Équerre et règles, crayon porte-mine HB pour tracer les gabarits sur les tissus clairs, crayons blancs pour tissus foncés.
- Papier à petits carreaux de 0,5 x 0,5 cm pour dessiner vos gabarits.
- Rhodoïd (disponible dans les magasins spécialisés, le rhodoïd transparent sert à confectionner des gabarits). On décalque les gabarits dessus au crayon puis on le coupe au cutter normal ou aux ciseaux. Ensuite, on le pose sur l'envers du tissu pour le dessiner avant de couper le tissu.

MACHINE À COUDRE

Une machine simple conviendra tout à fait si elle a un bon entraînement, et un choix de pieds : un pour une marge de couture patchwork de 0,75 cm, un pour les coutures épaisses ou pied jean.

Les grandes marques proposent des modèles «spécialisés patchwork», faites-vous conseiller car le choix est large.

Surtout, n'oubliez pas de la nettoyer et de la graisser régulièrement !

Facultatif : un pied-de-biche à double entraînement. Ce pied-de-biche est parfait pour coudre les bandes ou matelasser car il fait avancer au même rythme le dessus et le dessous du travail.

MERCERIE DIVERSE

- **Fils :** utilisez des fils coton ou polyester n° 40 ou 50 pour l'assemblage et le matelassage. Vous pouvez aussi utiliser un fil transparent pour le matelassage machine si vous souhaitez que les points ne se voient pas.
- **Épingles longues et fines**
- **Mètre de couturière**

- **Ciseaux de couture :** une paire de grands ciseaux et une paire de petits ciseaux pointus. Ne les utilisez que pour couper du tissu, jamais de papier ou tout autre matériau car cela les émousserait.
- **Crayons de couturière** pour marquer le motif de matelassage.
- **Roulette à craie** pour tracer des lignes fines sur les tissus foncés.
- **Feutres hydrosolubles** pour transférer le motif sur tissus clairs ou moyens. Le tracé des feutres s'enlève avec un peu d'eau – attention cependant de ne pas repasser au fer sur un tracé car il peut devenir indélébile avec la chaleur.

LA TECHNIQUE

Autrefois, les patchworks étaient entièrement réalisés à la main. Une fois les tissus coupés aux ciseaux à l'aide de gabarits, les différents morceaux étaient cousus main les uns aux autres pour les assembler. Dès l'apparition des machines à coudre au XIXe siècle, les patchworks ont aussi été cousus à la machine. Les deux pratiques ont leurs adeptes, à vous de choisir !
Dans ce livre, j'ai utilisé la coupe au cutter à lame rotative et l'assemblage machine.

COUPE

Les morceaux de tissus doivent être découpés en comptant la valeur de couture. Ici c'est 0,75 cm, ce qui fait donc 1,5 cm autour d'un motif pour les deux coutures.

Exemple : si votre carré fini (c'est-à-dire une fois cousu) doit faire 5 cm de côté, vous devez découper un carré de 6,5 cm x 6,5 cm.

SENS DU TISSU, LISIÈRE, DROIT FIL (INDIQUÉ DF)

La lisière, c'est le bord fini du tissu sur toute sa longueur.

Le droit fil est parallèle aux lisières, le biais est dans la diagonale du tissu (croquis 1).

Pour éviter le tiraillement des tissus lors de l'assemblage, il est conseillé de placer le bord des morceaux dans le droit fil.

Dans le cas de triangles, placez l'angle droit dans le droit fil, la diagonale sera en biais.

Mais quand la diagonale du triangle se trouve à l'extérieur d'un bloc, elle doit être dans le droit fil comme dans les grands triangles du plaid « Les étoiles bleues » (croquis 2).

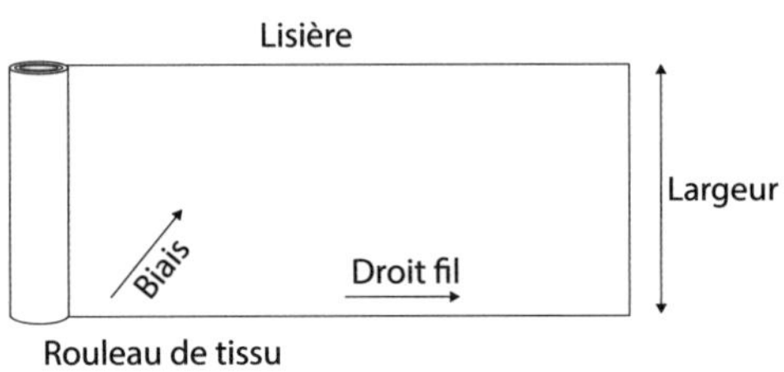

1

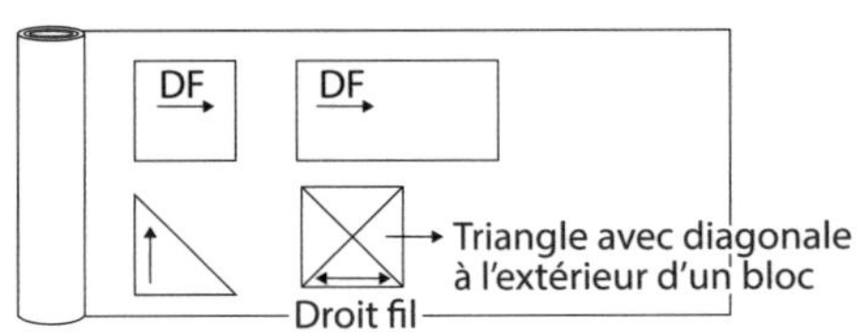

2

COUPE AVEC LE CUTTER À LAME CIRCULAIRE

Cette technique est rapide et très précise. Mon conseil : entraînez-vous sur des chutes avant de couper vos tissus choisis et faites attention aux épingles qui traînent et pourraient émousser la lame si celle-ci passe dessus. Surtout, refermez bien le cutter après utilisation et rangez-le à l'abri des enfants. Vous pouvez couper jusqu'à 6 épaisseurs de tissus mais il vaut mieux commencer avec 2 puis 4 épaisseurs...

Coupe de bandes, de carrés et de rectangles :

- Sur la planche, posez le tissu repassé et soigneusement plié en 4 (croquis 3).
- Égalisez le bord du tissu : placez la règle perpendiculaire à la lisière à 1cm du bord. Si vous êtes droitier, le tissu sera à droite de la règle comme indiqué sur le croquis. Inversez si vous êtes gaucher (croquis 4).
- Appliquez le cutter contre la règle, appuyez en remontant pour faire une coupe nette à travers les épaisseurs (croquis 5). Soulevez la règle, ôtez la petite bande en ne bougeant pas le reste du tissu (croquis 6).

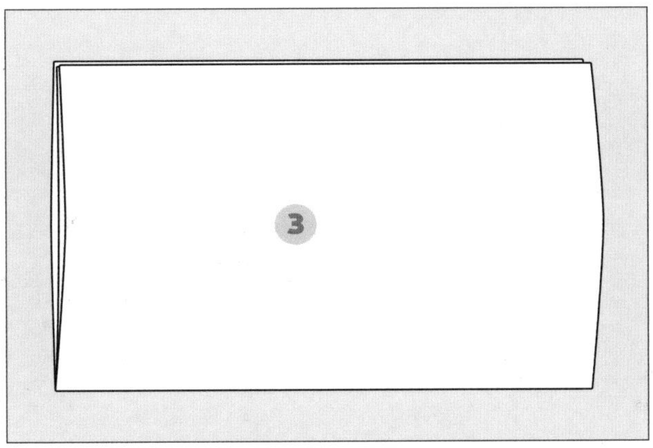

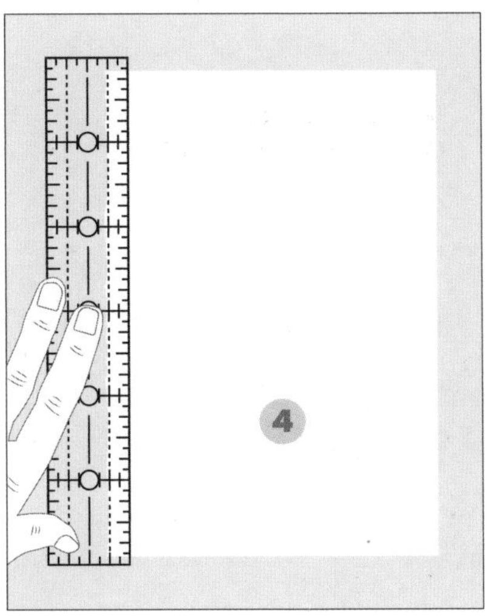

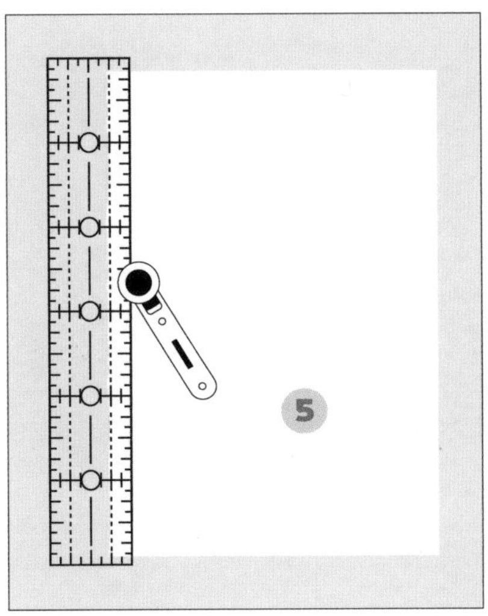

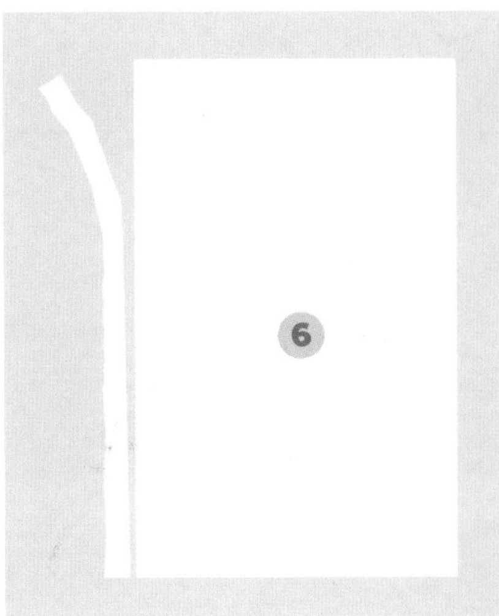

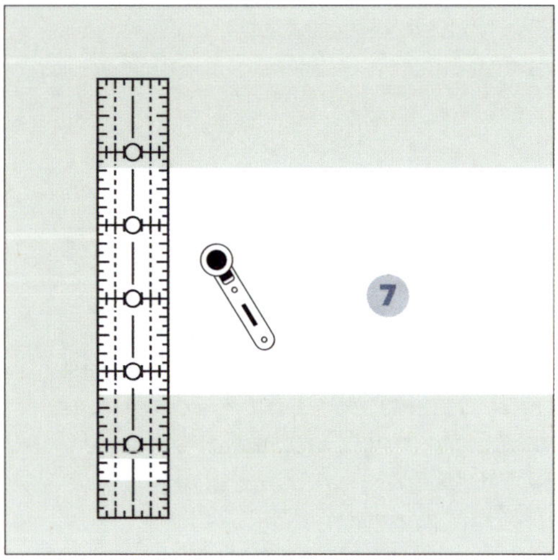

L'alignement du tissu étant bien net, vous pouvez couper des bandes. Placez la règle en faisant coïncider la ligne correspondant à la largeur dont vous avez besoin au bord du tissu, et coupez la bande (croquis 7).

- Recoupez ensuite transversalement les bandes obtenues en carrés ou rectangles (croquis 8).

Si vous n'avez besoin que d'un carré, utilisez la règle carrée de 15 x 15 cm ou celle de 20 x 20 cm. Placez le tissu sur la planche, coupez un carré un peu plus grand. Tournez la planche (ou le tissu), placez la règle en faisant coïncider la mesure dont vous avez besoin avec l'angle droit, et coupez (croquis 9 et 10).

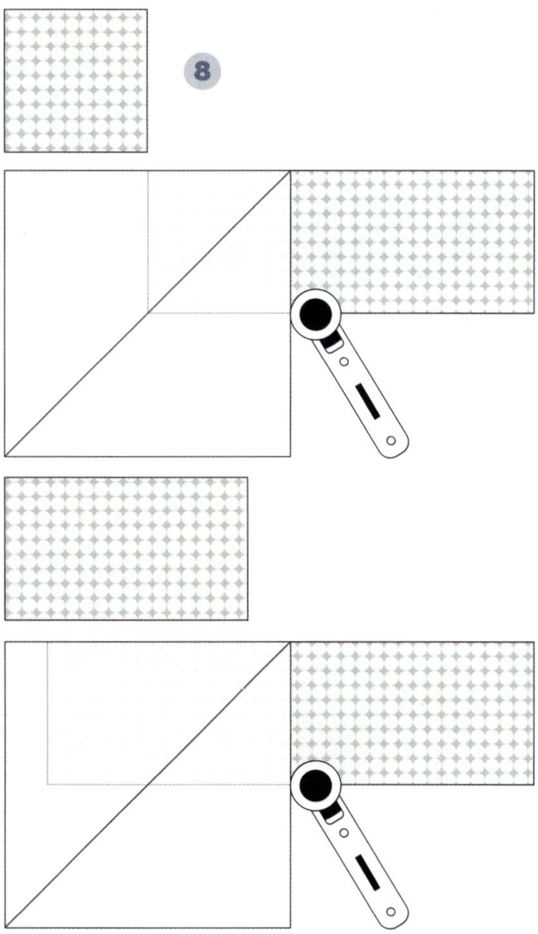

Pour couper un carré de 12 x12 cm

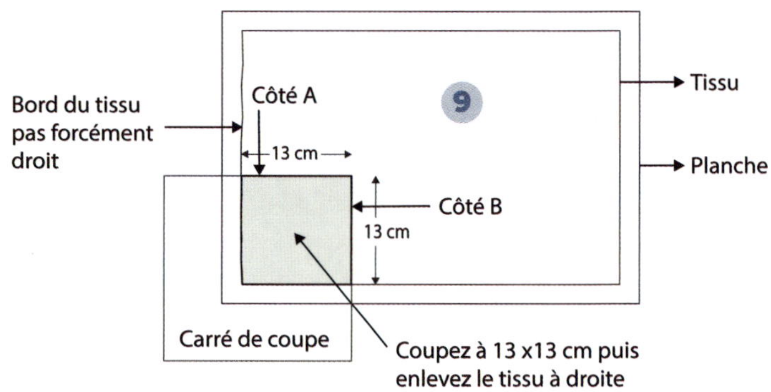

Tournez le morceau restant à 180° puis recoupez à 12 x 12 cm

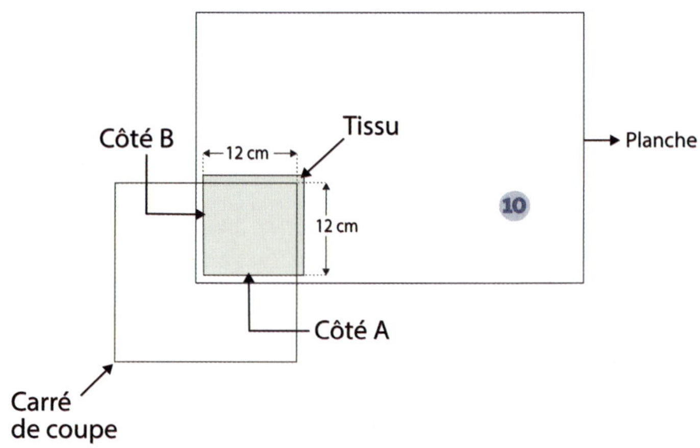

COUPE DE TRIANGLES

Pour couper des triangles qui sont des demi-carrés et qui ont l'angle dans le droit fil et la diagonale dans le biais :

- Déterminez la mesure finie du petit côté du triangle. Ajoutez 2,65 cm. Coupez une bande de cette largeur. Recoupez ces bandes en carrés puis coupez-les en suivant la diagonale.
  Exemple : il vous faut des triangles dont le côté fini fera 10 cm. Coupez une bande de 12,65 cm, recoupez-la en carrés de 12,65 cm, puis en 2 triangles (croquis 11).

Pour obtenir cette dimension, placez la règle entre 12,50 et 12,75.

Pour couper des triangles qui sont des quarts de carrés et qui ont la base à l'extérieur du bloc, la diagonale doit être dans le droit fil comme dans le plaid «les étoiles bleues». Déterminez la mesure finie de la base du triangle, ajoutez 3,75 cm. Coupez un carré à cette dimension. Puis coupez le carré en 4 dans les diagonales (croquis 12).

Exemple : pour ce plaid, il vous faut des triangles qui, assemblés par 4, formeront un bloc de 15 cm fini. Coupez des carrés de 18,75 x 18,75 cm, puis recoupez-les en 4 par les diagonales.

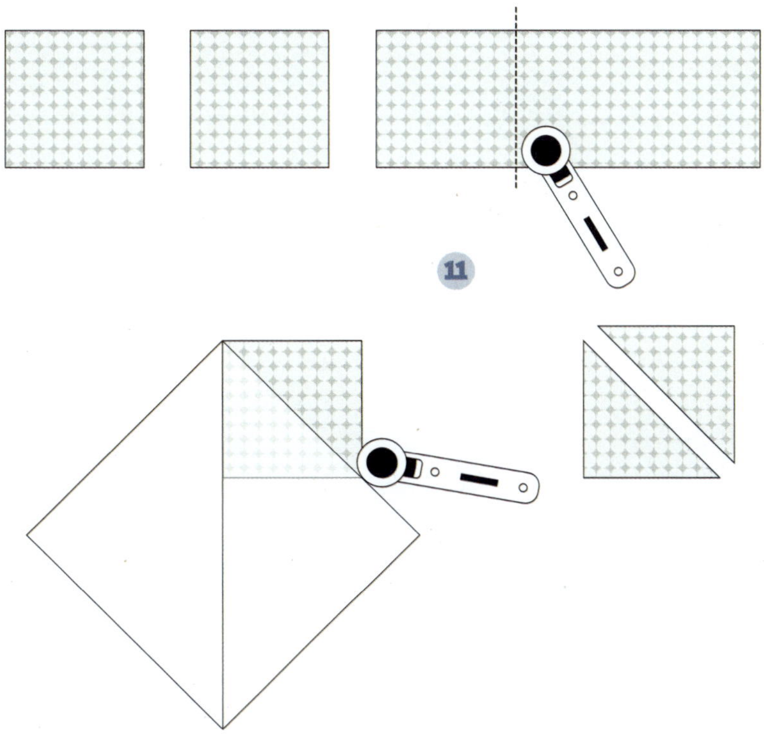

11

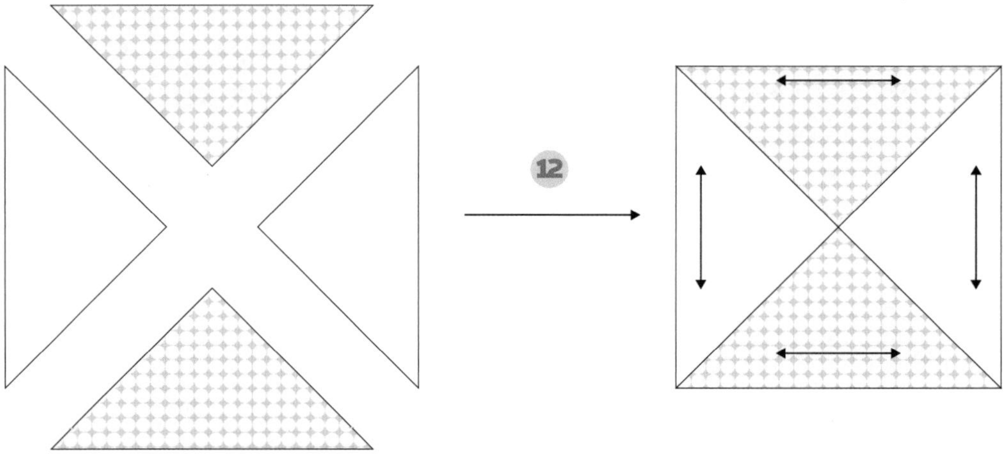

ASSEMBLAGE À LA MACHINE

Il exige une bonne précision pour respecter une valeur de couture constante. Assurez vous que vous cousez à 0,75 cm du bord en veillant à ce que le pied de biche longe bien vos tissus (croquis 13).

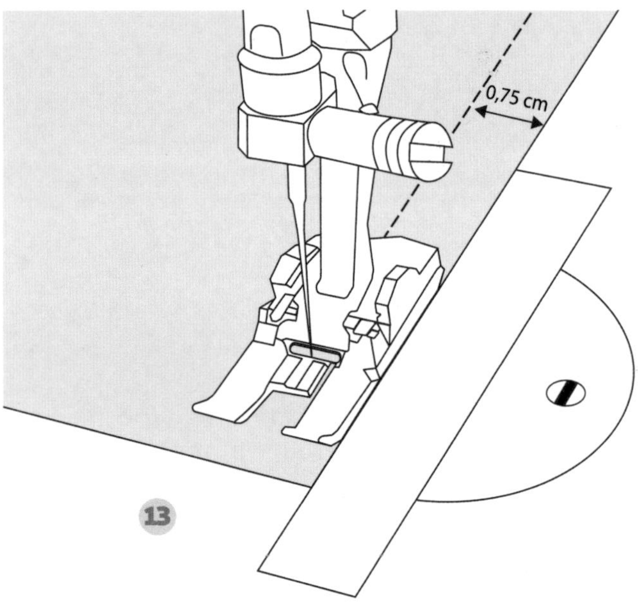

Placez des épingles perpendiculairement au bord du tissu. Épinglez d'abord les points de jonction des morceaux puis les extrémités des coutures (croquis 14).

Choisissez un fil assorti à la dominante des couleurs pour la bobine du haut, un fil neutre pour la canette.

Cousez de haut en bas en démarrant au bord, jusqu'au bord suivant. Il n'est pas nécessaire de faire de marche arrière. Laissez les épingles, enlevez-les à la fin. Si cela vous gêne, ôtez-les au fur et à mesure. Coupez les fils à 1 cm du début et de l'arrêt de la couture. Couchez les coutures en les opposant.

Assemblage de triangles : après avoir couché et repassé les coutures, coupez les pointes qui dépassent.

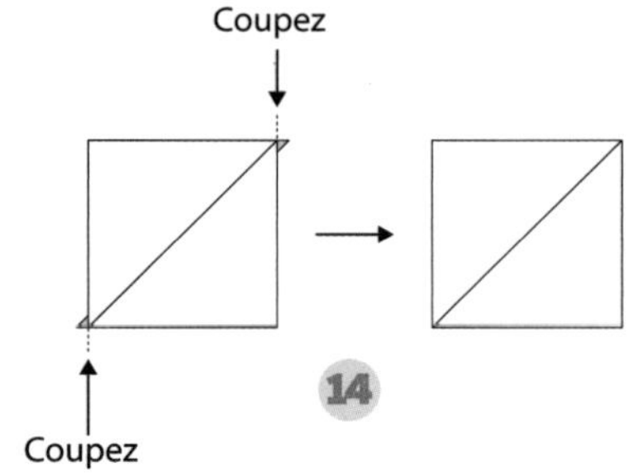

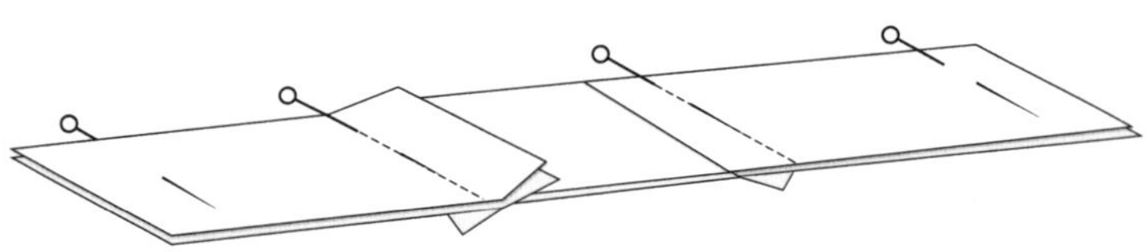

POUR OBTENIR DES RACCORDS PARFAITS AUX ANGLES (croquis 15)

Le patchwork, c'est comme un puzzle ! Une fois assemblés, les morceaux doivent s'adapter parfaitement les uns aux autres. Mais contrairement au jeu, les morceaux de patch ont une valeur de couture. Si celle-ci n'est pas parfaitement respectée, il peut y avoir des problèmes de raccords.

15

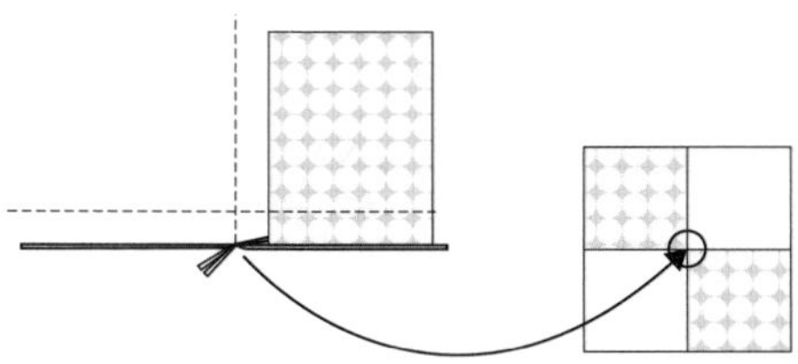

Cousez exactement sur l'intersection des coutures pour obtenir une pointe parfaite.

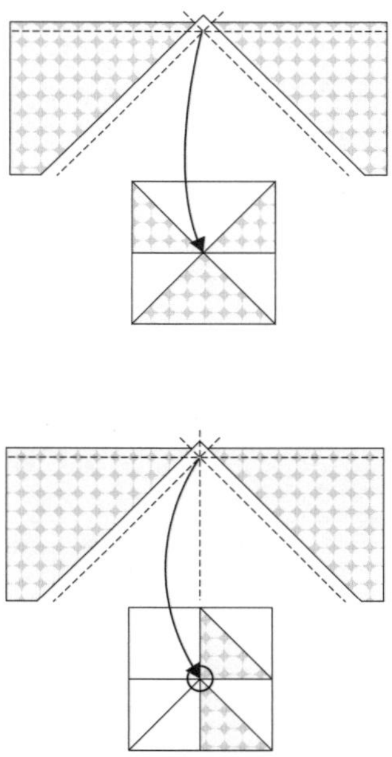

Exemples de problèmes rencontrés :

- 4 carrés ne sont pas alignés
  Défaites la couture de 2 ou 3 cm au milieu. Replacez les angles bien en face, en maintenant avec une épingle, repiquez. (croquis 16)

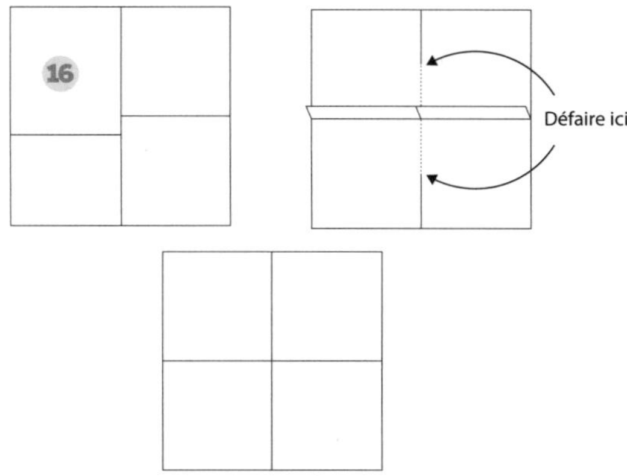

- 2 triangles assemblés forment un carré trop petit pour s'accorder aux autres. Vérifiez la valeur de couture. Si elle dépasse 0,75 cm, défaites-la et recousez à 0,75. (croquis 17)

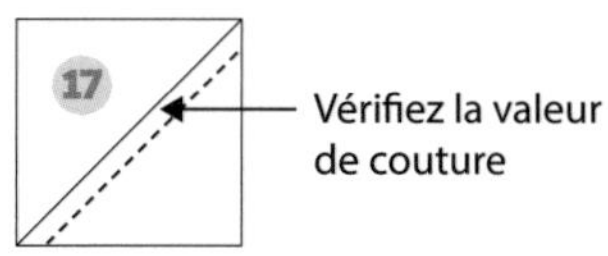

- Lors du montage de deux bandes, certains morceaux ne coïncident pas. Par exemple, un carré est trop grand. Vérifiez la valeur de couture. Si elle est bien de 0,75 cm, le problème vient d'une autre raison, peut-être un morceau a-t-il été coupé trop grand ou trop petit. Avant de tout redéfaire, placez la bande où se trouve ce carré en-dessous sur la grille d'entraînement, l'autre au-dessus, placez les épingles aux jonctions. Repiquez en tirant doucement le tissu du dessus pour l'agrandir et le mettre aux mêmes dimensions que celui du dessus. (croquis 18)

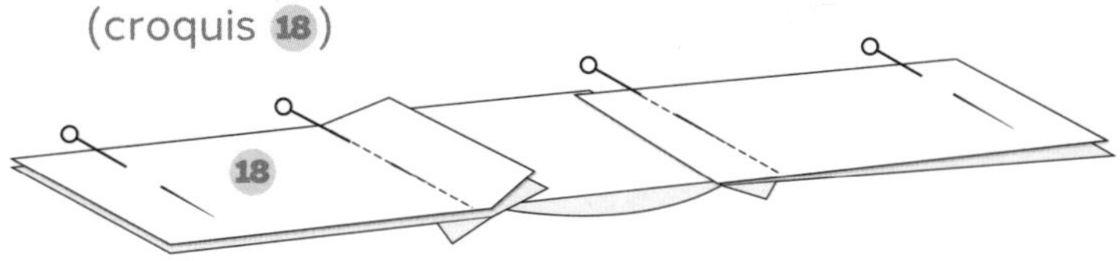

REPASSAGE

Écrasez d'abord les coutures avec votre ongle pour éviter les faux plis, puis repassez légèrement.

MONTAGE DES BLOCS

Ils sont d'abord montés en rangées verticales ou horizontales. Les coutures sont couchées dans un sens opposé d'une rangée à l'autre (croquis 19).

Pour monter les rangées : placez deux rangées endroit contre endroit, épinglez soigneusement les points de jonctions (les coutures étant couchées dans des sens opposés, il est facile de placer les épingles), épinglez les extrémités et placez des épingles tous les 20 cm environ avant de coudre les deux rangées. Faites de même avec les autres rangées.

Repassez le patchwork.

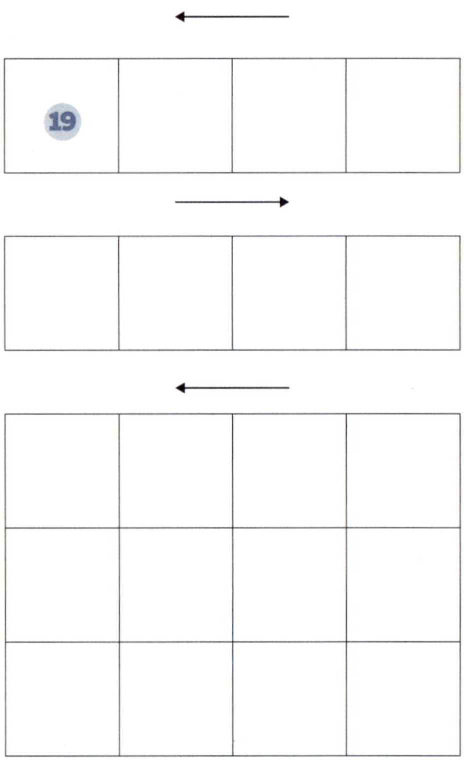

MONTAGE DES BORDURES

Mesurez la dimension du haut du patchwork. Coupez une première bordure de la largeur souhaitée et de la même dimension que le patchwork. Pliez la bande en deux, marquez le centre en plaçant une épingle. Pliez le haut du patchwork en deux et placez également une épingle. Positionnez la bande contre le patchwork, endroit contre endroit. Placez une première épingle au milieu – là où vous aviez repéré le milieu – puis placez des épingles aux extrémités et tous les 20 cm environ. Cousez la bande, repliez-la vers l'extérieur avec l'ongle, repassez. Mesurez la hauteur obtenue et coupez une bande de cette longueur. Cousez-la à droite du patchwork, repliez-la vers l'extérieur avec l'ongle, repassez. Mesurez la longueur obtenue et coupez une bande de cette longueur, cousez-la en bas, repliez-la vers l'extérieur avec l'ongle, repassez. Mesurez enfin la dernière hauteur pour couper la dernière bande à gauche, cousez, repassez (croquis 20).

Si le plaid est carré, les bordures 2 et 3 ont la même longueur.

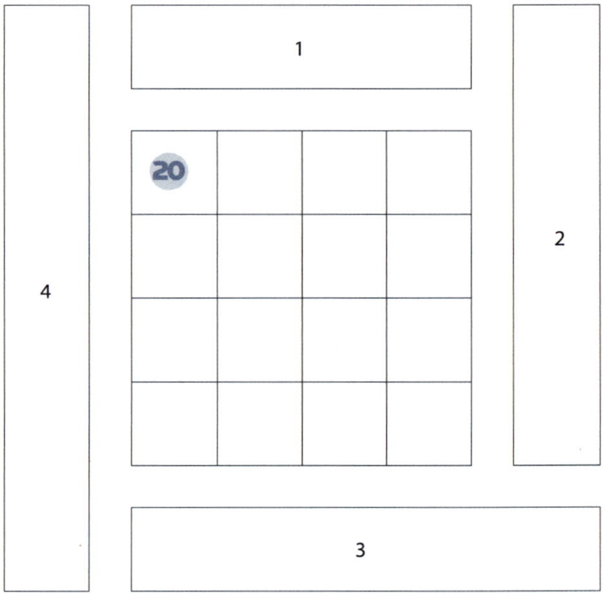

LE MATELASSAGE

Il consiste en une succession de points avant qui traversent les trois épaisseurs – patchwork, molleton et doublure – pour les solidariser.

Il faut avant tout bâtir vos épaisseurs.

Étalez la doublure sur une grande table ou à même le sol, envers vers vous. Déroulez le molleton sur la doublure, puis posez le patchwork. La doublure et le molleton doivent dépasser d'au moins 5 cm tout autour pour faciliter l'opération.

Bâtissez en diagonales et en médianes, puis ajoutez des lignes de bâti espacées de 20 cm environ en quadrillant toute la surface (croquis 21).

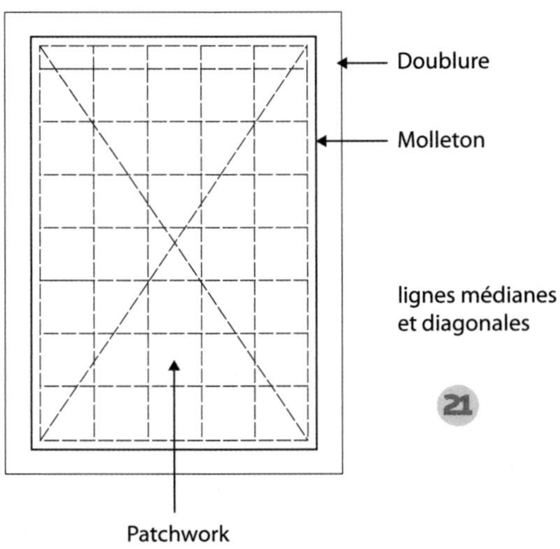

MATELASSAGE À LA MACHINE

Dans ce livre, les techniques utilisées sont le matelassage dans les coutures et le matelassage sur le patchwork. Agrandissez le point à la longueur 3,5 ou 4 afin qu'il ne soit pas trop petit et que la tension du fil soit adaptée. Choisissez un fil assorti à la dominante des couleurs pour la bobine du haut, et un fil assorti à la doublure pour la canette. Travaillez sur une grande table. Une fois bâti, roulez l'ouvrage s'il est grand. Le matelassage machine se fait de haut en bas, en déplaçant l'ouvrage au fur et à mesure. Une fois que vous avez matelassé dans un sens, faites de même pour matelasser l'autre sens en tournant l'ouvrage.

Matelassage dans les coutures : piquez dans les coutures de haut en bas. Commencez et terminez par de tout petits points afin de bloquer le fil. Placez vos mains de part et d'autre de la couture pour l'écarter légèrement. Guidez le patchwork pour éviter de piquer en dehors de la couture afin que les points ne se voient pas. Vous pouvez utiliser un pied à double entraînement pour empêcher la doublure de plisser.

Matelassage sur le patchwork : procédez comme indiqué ci-dessus mais en piquant sur les lignes que vous avez préalablement tracées.

Entraînez-vous sur des petits échantillons avant de vous lancer sur un ouvrage.

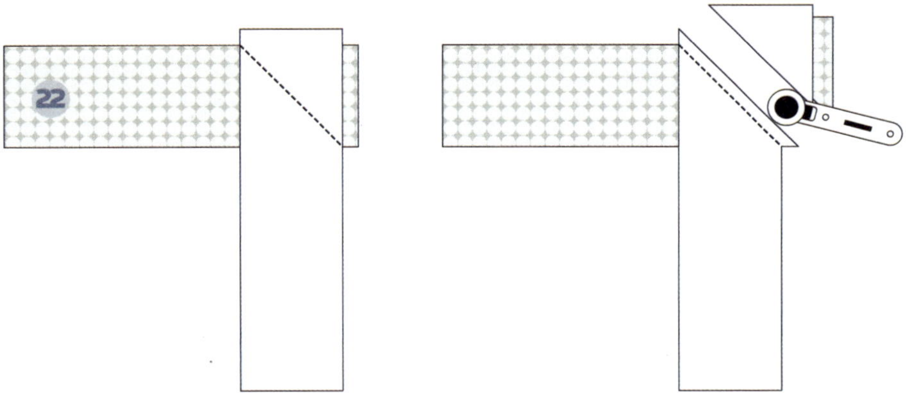

BORDURES DE FINITIONS

Il existe plusieurs façons de terminer un ouvrage. Les deux techniques utilisées dans les ouvrages de ce livre sont :

- **Pose d'une bordure de finition.** Recoupez la bordure et le molleton au ras des bords du patchwork. Coupez des bandes de 3,5 cm de large en droit fil. Assemblez-les bout à bout pour obtenir la longueur du périmètre de votre ouvrage (croquis 22). Posez la bordure de finition en la plaçant au milieu d'un côté, bord à bord, endroit contre endroit. Coupez l'extrémité à 45° et repliez-la d'1 cm. Commencez la couture à 2 cm et cousez jusqu'à l'angle suivant en arrêtant la couture à 0,75 cm du bord par quelques points arrière. Coupez les fils, ôtez l'ouvrage de la machine. Pliez la bande vers le haut à 45°. Repliez une deuxième fois vers le bas à 90° bord à bord (croquis 23). Commencez à coudre tout en haut jusqu'à 0,75 cm du coin suivant. Procédez de la même manière pour les trois autres coins. Lorsque vous arrivez au point de départ, recouvrez le bout de la bordure en place de 2 cm et coupez l'excédent de tissu à 45°. Rabattez la bordure sur l'envers en l'écrasant avec l'ongle. Dans les angles, un coin en onglet se forme naturellement. Repliez et cousez à petits points glissés pour maintenir la bordure en place (croquis 24).

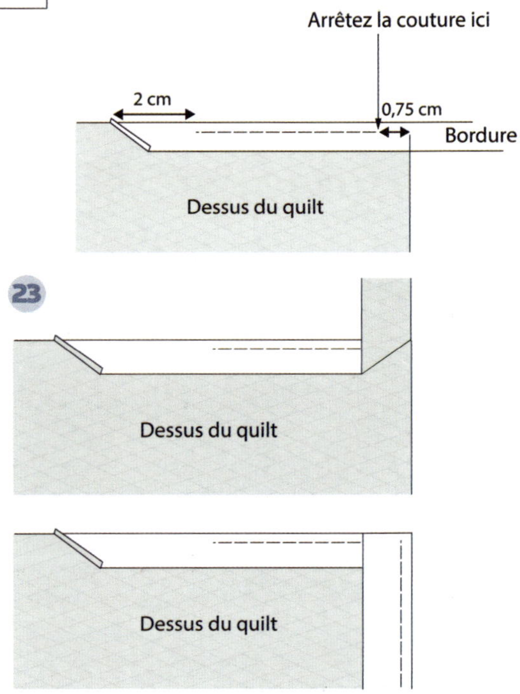

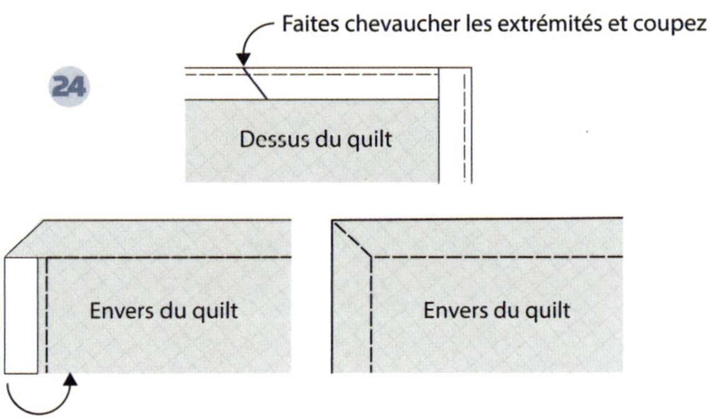

- **Finitions avec la doublure.** Recoupez le molleton au ras des bords du patchwork. Recoupez la doublure à 2 cm. Repliez-la en deux sur le dessus de l'ouvrage. Cousez-la en place avec un fil assorti à petits points glissés (croquis 25 et 26).

25

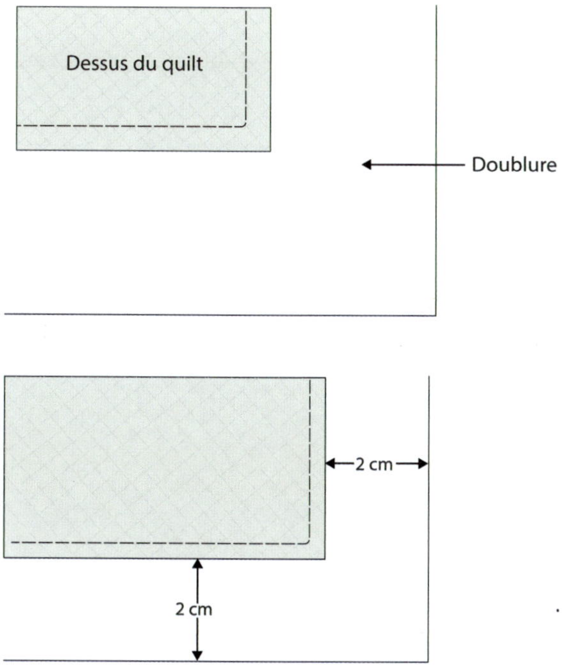

26

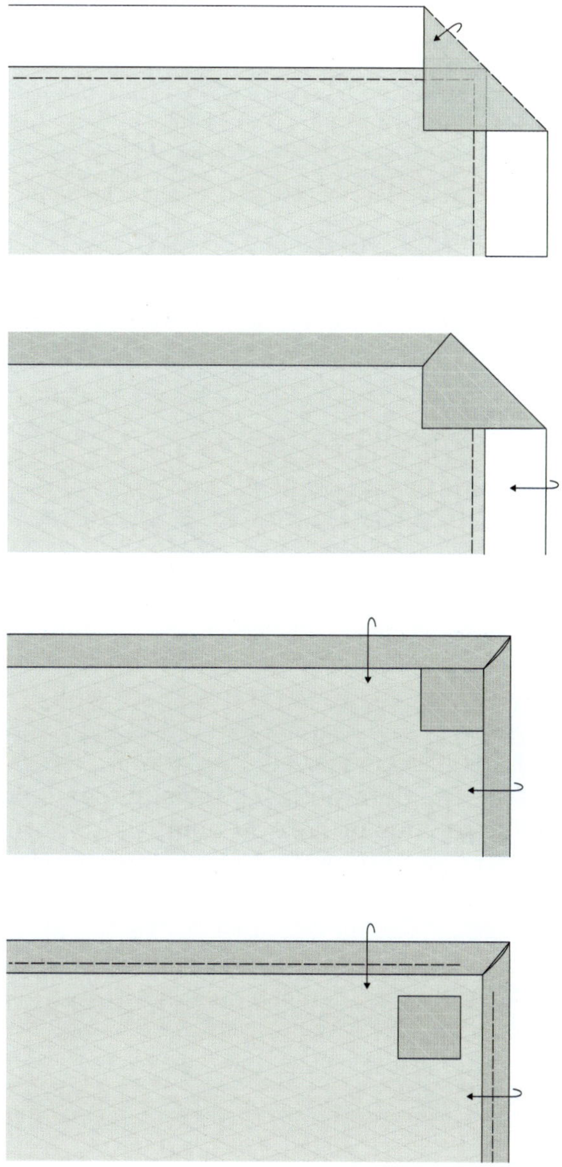

27

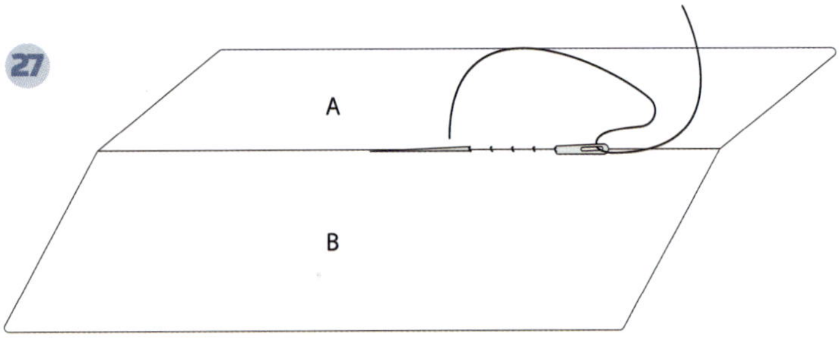

POINT GLISSÉ

Utilisez un fil assorti au tissu du dessus. Faites vos points et serrez bien le fil, sans froncer (croquis 27).

FINITIONS COUSSINS

Dos en portefeuille (croquis 28).

Mesurez les dimensions de votre dessus de coussin. Coupez deux rectangles qui mesurent 3 cm de plus en haut et en bas, et 10 cm de plus que la moitié de votre ouvrage.

Exemple : si le dessus du coussin mesure 40 x 40 cm, coupez deux rectangles de 46 x 30 cm.

Sur chacun des rectangles, faites un ourlet sur le long côté : repliez sur l'envers 0,75 cm puis encore 0,75 cm et piquez.

Placez le dessus de coussin endroit vers vous, positionnez les deux rectangles endroit contre endroit en les faisant se chevaucher d'au moins 10 cm en laissant déborder les deux rectangles autour. Épinglez. Retournez l'ensemble côté dessus du coussin et piquez à 0,75 cm tout autour en arrondissant la couture d'angle pour éviter que les coins fassent des becs. Recoupez l'excédent de tissu à 0,75 cm. Ôtez les épingles, retournez la housse de coussin sur l'endroit et insérez le coussin.

28

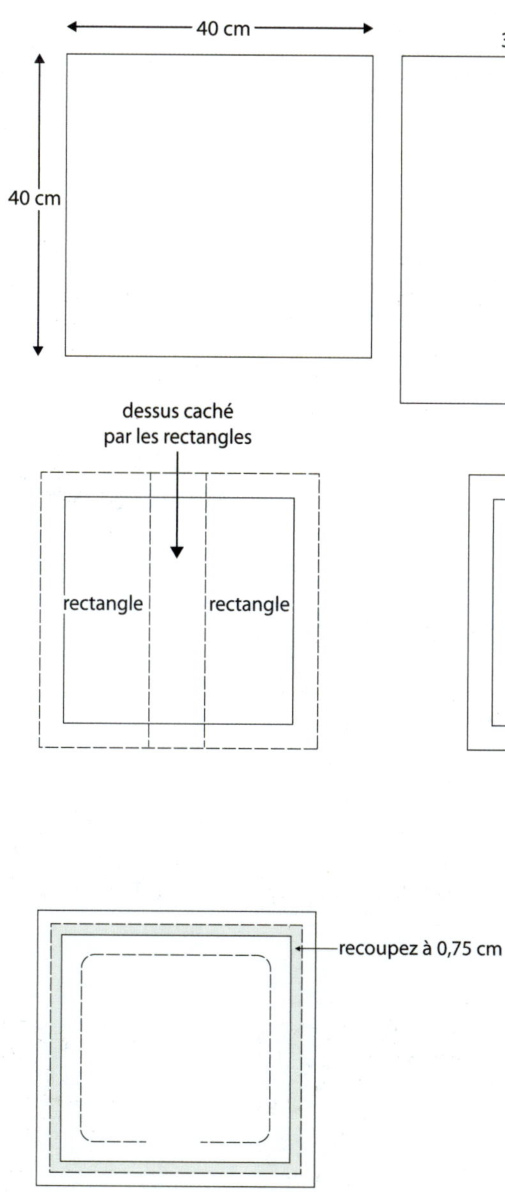

40 cm
40 cm
Ourlet
30
30
46
46
dessus caché
par les rectangles
rectangle
rectangle
ouverture
recoupez à 0,75 cm

Les modèles

Les modèles

LES MANIQUES EN JEAN

DIMENSIONS : 18 X 18 CM

Utilisez vos chutes de jean pour réaliser ces maniques très tendance.

FOURNITURES

TISSUS :

Chutes de jean

2 carrés de molleton isolant thermique spécial manique de 19,5 x 19,5 cm

2 carrés de tissu jean de 21 x 21 cm pour le dos

2 morceaux de ruban bleu de 17 cm

MARCHE À SUIVRE

Pour 1 manique

Coupez 9 carrés de 7,5 x 7,5 cm.

Assemblez les carrés par rangées de 3. Couchez les coutures dans une direction opposée d'une rangée à l'autre, repassez. Montez les rangées, repassez (croquis 1).

Posez un grand carré à plat, placez un carré de molleton puis le montage patchwork au centre en laissant dépasser le grand carré, épinglez. Repliez le carré du dos sur 0,75 cm deux fois sur l'endroit, épinglez au fur et à mesure. Cousez à petits points glissés avec un fil bleu.

Repliez les deux bouts du ruban sur 1 cm, positionnez-le au dos dans un coin, puis cousez à petits points glissés (croquis 2).

2

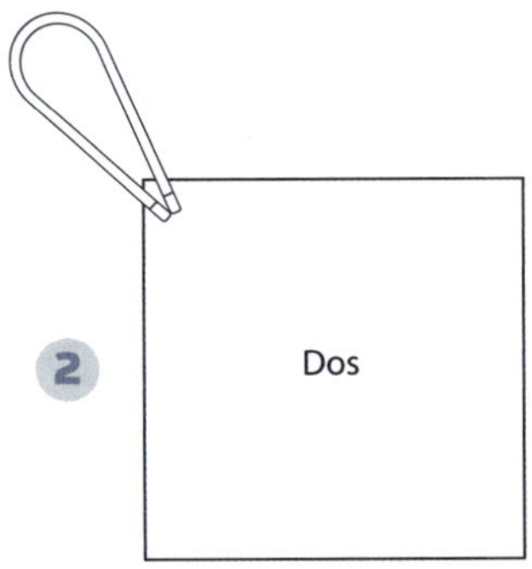

1

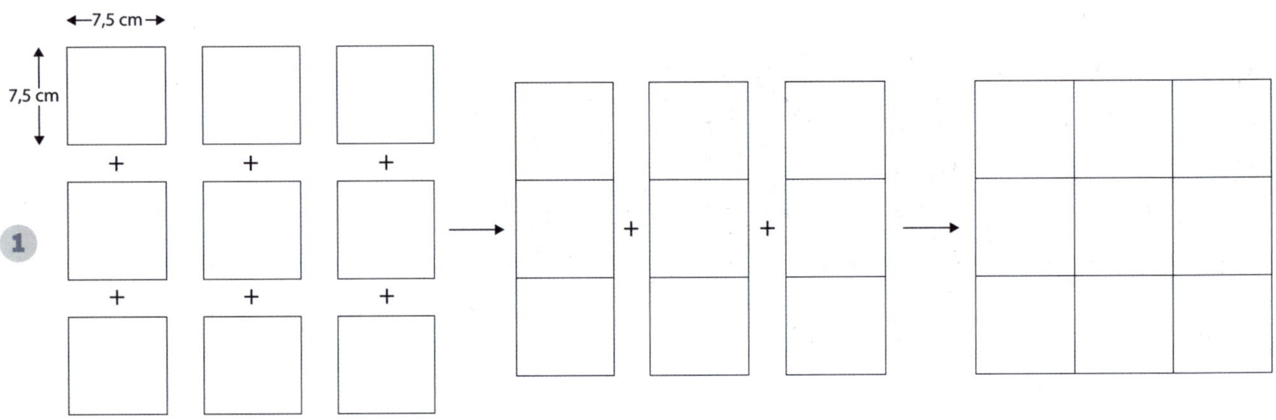

LA HOUSSE D'ORDINATEUR

DIMENSIONS : 27 X 34 CM

Cette housse est parfaite pour un ordinateur plat. S'il est épais, il vous suffit d'agrandir les bordures.

La housse est composée de 12 blocs de 7 x 7 cm.

La bordure tout autour du montage des blocs mesure 3 cm de large.

FOURNITURES

TISSUS :

10 x 10 cm de 12 tissus à carreaux et rayures dans des tons de bruns, rouge, vert, marron

Chutes de tissus blanc cassé, orangé et rouille

25 cm de tissus à carreaux marron pour la bordure

32 x 39 cm de tissus pour le dos

Fermeture à glissière rouge de 50 cm

Molleton : 2 morceaux de 32 x 39 cm

Toile à beurre ou tissu fin : 2 morceaux de 32 x 39 cm

Doublure intérieure : 2 rectangles de 34 x 40 cm

1 anse en cuir

2 anneaux en D de 2 cm

Vue d'ensemble

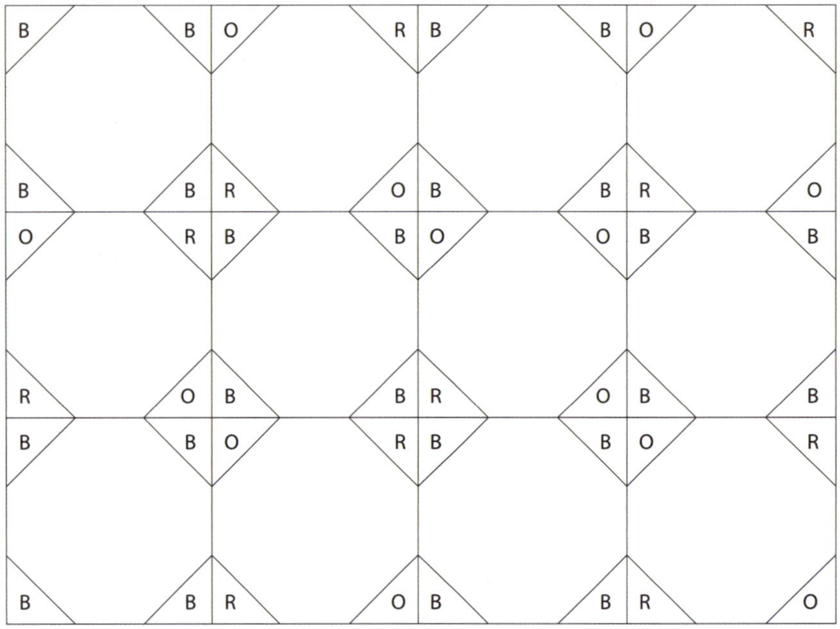

B = blanc cassé
O = orange
R = rouille

RÉALISATION

Pour faire un bloc, il vous faut 2 tissus par bloc.

Astuce : une technique rapide vous permet d'obtenir le bloc sans couper de triangles ni d'octogones. La couture en diagonale sur les carrés vous évitera le tiraillement du biais d'un triangle.

Dans un des tissus à carreaux, coupez 1 carré de 8,5 cm.

Dans le tissu blanc cassé, coupez 4 carrés de 3,5 cm.

MARCHE À SUIVRE

Tracez la diagonale sur l'envers des 4 carrés. Posez un carré endroit contre endroit sur un coin du grand carré. Cousez sur la diagonale, coupez le triangle du milieu à 0,5 cm de la couture (attention de ne pas couper les autres tissus), ouvrez. Faites de même avec les 3 autres carrés. Couchez les coutures et repassez légèrement (croquis 1). Coupez les pointes de triangles qui dépassent.

Faites 6 blocs avec les triangles blanc cassé, repassez.

Blocs encadrés de triangles orange et rouille :

Procédez comme indiqué ci-dessus mais en utilisant 2 carrés orange et 2 carrés rouille par bloc (croquis 2).

Faites 6 blocs, repassez.

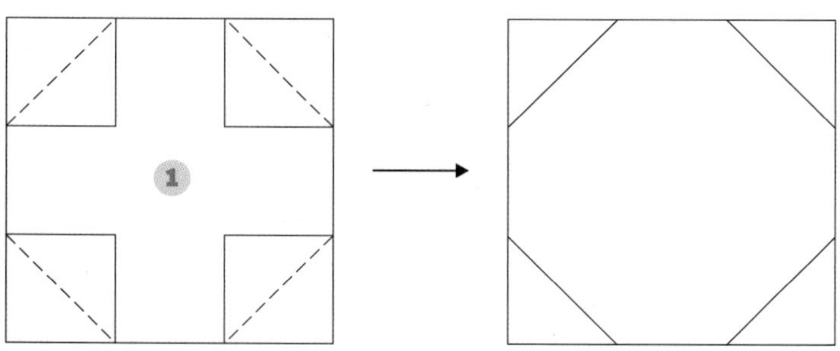

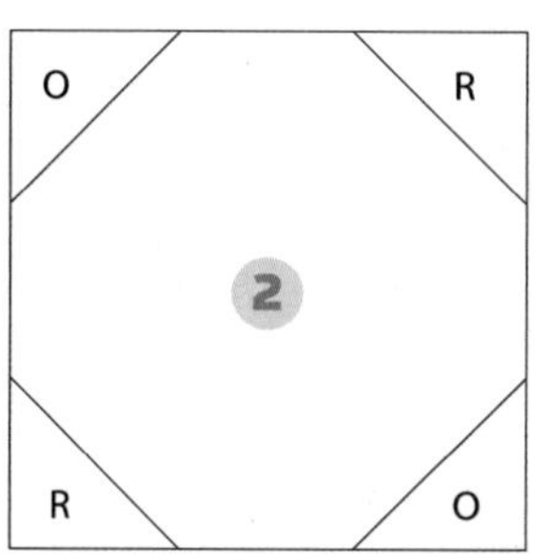

MONTAGE

Assemblez les 12 blocs en 3 rangées de 4 blocs, couchez les coutures dans une direction opposée d'une rangée à l'autre (croquis 3). Assemblez les rangées, repassez (croquis 4).

BORDURE

Coupez 4 bandes de 4,5 x 40 cm

Mesurez le haut du montage précédent. Recoupez une bande à cette dimension, cousez-la en haut, repassez. Faites de même avec les trois autres bandes (voir paragraphe sur les bordures page 24). Repassez.

MATELASSAGE

Placez le patchwork obtenu sur le molleton et la toile à beurre en les laissant dépasser. Bâtissez les trois épaisseurs. Tracez les diagonales avec un feutre effaçable ou un crayon craie. Piquez à la machine sur le tracé.

FINITIONS

Recoupez la toile à beurre et le molleton au ras du patchwork en arrondissant légèrement les angles.

POSE DE LA FERMETURE ÉCLAIR

Placez la fermeture éclair en sandwich entre le devant et une pièce de la doublure endroit contre endroit (marquez les milieux de la fermeture éclair et de vos pièces pour bien positionner la fermeture éclair).

Épinglez la fermeture éclair avec l'arrondi puis cousez avec le pied presseur pour fermeture éclair (vous pouvez la cranter légèrement pour faciliter la couture dans l'arrondi).

Répétez avec le second côté.

Retournez et repassez.

POSE DES ANNEAUX D

Avec une chute de tissu, formez 2 brides pour passer les anneaux : coupez 2 morceaux de 6 x 6 cm.

Endroit contre endroit, cousez à 1 cm, retournez et repassez.

Passez l'anneau dans la bride et positionnez-la sur le côté de la housse ; faites de même sur l'autre côté.

ASSEMBLAGE

Posez endroit contre endroit les 2 pièces du tissu extérieur, épinglez le reste du contour non cousu.

Faites de même avec les pièces doublures en laissant une ouverture.

Retournez la housse sur l'endroit en passant par l'ouverture.

Fermez la doublure avec quelques points à la main ou à la machine.

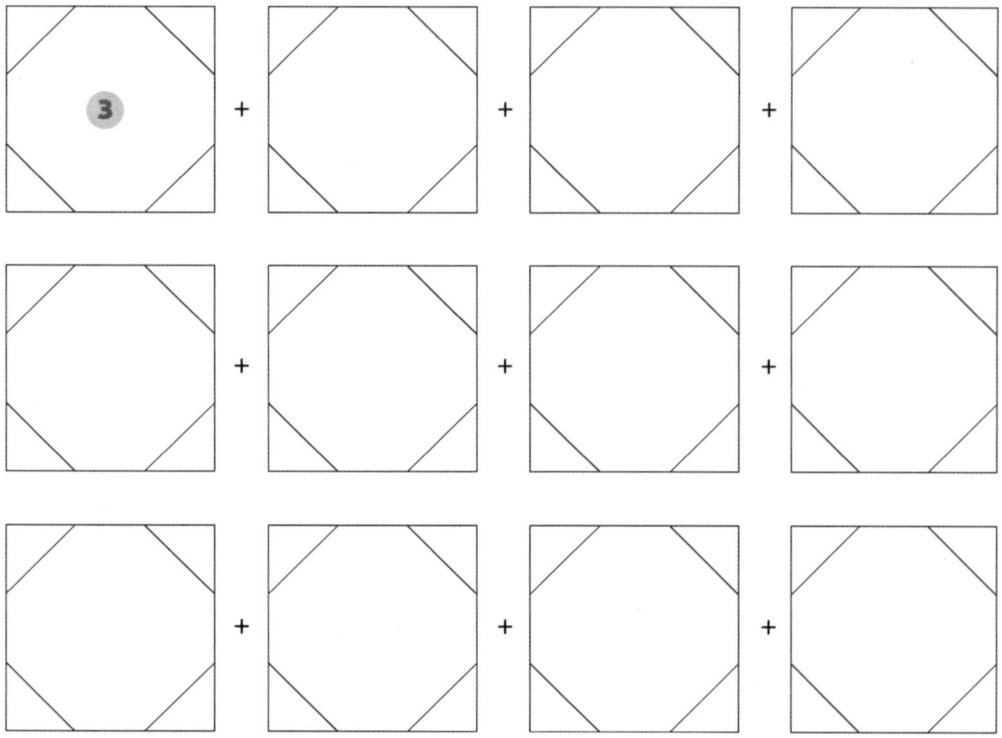
3
+
+
+

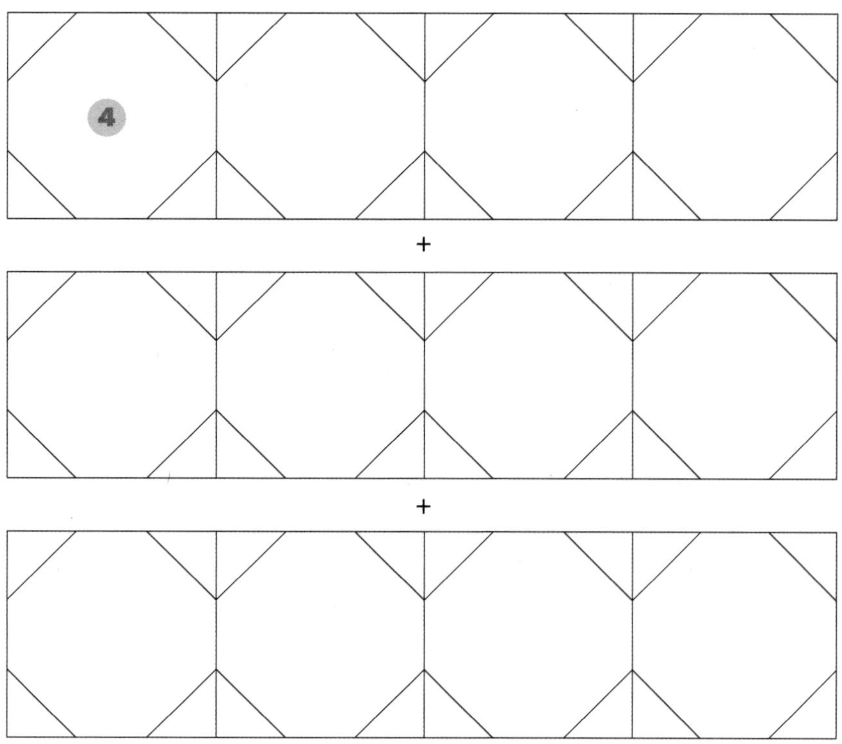
4
+
+

LA PELOTE À ÉPINGLES

DIMENSIONS : 11 X 11 CM

Pas de couture sans pelote à épingles ! Taillée dans des tissus unis, assortis, contrastés, anciens ou modernes selon vos goûts, elle vous accompagnera fidèlement dans la réalisation de tous vos ouvrages.

FOURNITURES

4 chutes de tissu

1 carré de 13 x 13 cm pour le dos

Chutes de bourrage pour coussin

COUPE

Coupez 4 carrés de 7 x 7 cm

ASSEMBLAGE

Cousez deux carrés ensemble. Cousez les deux autres carrés (croquis 1).

Couchez les coutures dans un sens opposé.

Posez les assemblages endroit contre endroit, placez une épingle au centre et une aux deux extrémités. Cousez.

Couchez les coutures en les faisant tourner. Écrasez-les légèrement sur l'envers puis repassez sur l'endroit.

Posez le patchwork sur le dos, endroit contre endroit, en laissant dépasser le dos. Cousez tout autour en arrondissant légèrement dans les angles (croquis 2) pour éviter les « becs ». Laissez une ouverture de 5 cm au milieu d'un côté. Recoupez le dos au ras du patchwork. Retournez sur l'endroit. Insérez le bourrage en veillant à bien remplir l'intérieur : aidez-vous d'une baguette chinoise pour le pousser doucement dans les coins. Repliez l'ouverture et refermez-la à petits points glissés.

1

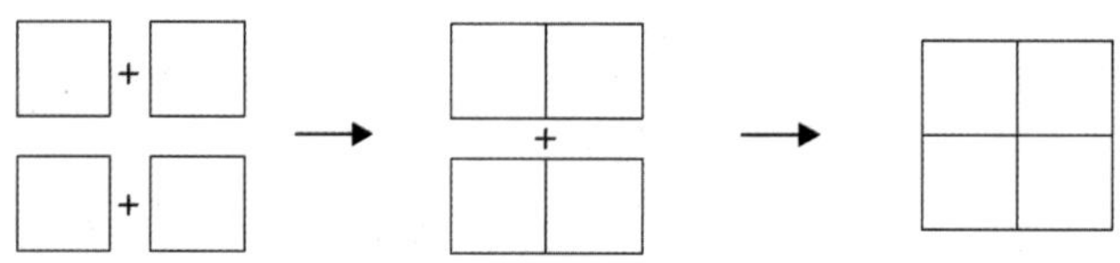

2

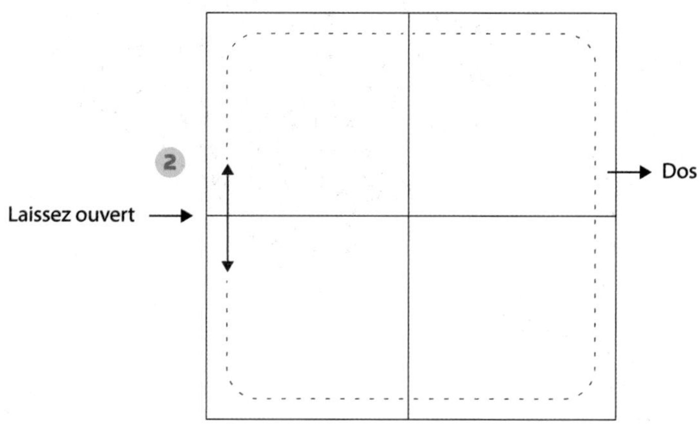

PASTILLES

L'ÉTOILE

Ces petites étoiles feront de jolis cadeaux à toute occasion : naissance, crémaillère, déco de sapins...

Soyez minutieux lors de la réalisation, suivez attentivement les instructions ci-dessous et respectez bien la valeur de couture de 0,75 cm.

FOURNITURES

Chutes de tissu

1 morceau de 16 x 16 cm pour le dos

Chutes de bourrage pour coussin

Petit morceau de rhodoïd

Morceau de ruban 0,3 à 0,5 cm de large x 18 cm de long

COUPE

Décalquez le gabarit du losange sur le rhodoïd (ou du carton), découpez-le.

Dessinez le gabarit sur l'envers de 5 tissus différents. Découpez.

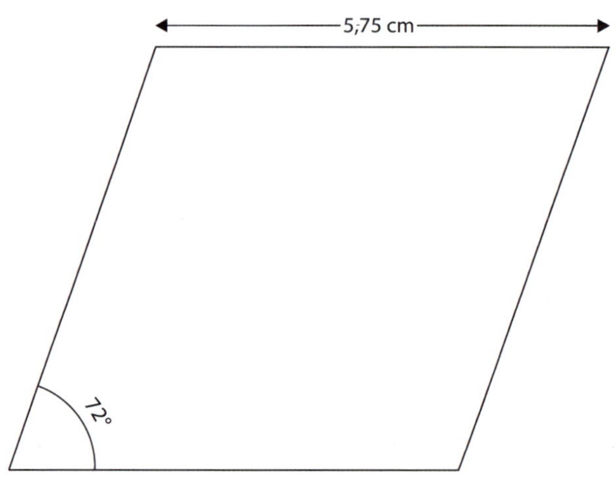

ASSEMBLAGE

Placez 2 losanges endroit contre endroit. Cousez en démarrant la couture à 0,75 cm et faites une marche arrière sur quelques points, puis cousez jusqu'au bout du losange suivant (croquis 1).

Placez le 3e losange endroit contre endroit sur le 2e, placez une épingle à l'extrémité, commencez à coudre en partant du centre à 0,75 cm et cousez jusqu'au bout. Faites de même avec les 4e et le 5e losanges.

Vérifiez que les coutures du centre de l'étoile se rejoignent bien en un seul point, sinon faites des points supplémentaires entre certains losanges.

Couchez les coutures dans le même sens.

Placez le ruban plié en deux, bords extérieurs sur la pointe d'un losange, le ruban se trouvant à l'intérieur (croquis 2).

Placez le morceau pour le dos par-dessus l'étoile, endroit contre endroit, retournez pour avoir l'étoile face à vous. Recoupez le tissu à 1 cm tout autour, bâtissez.

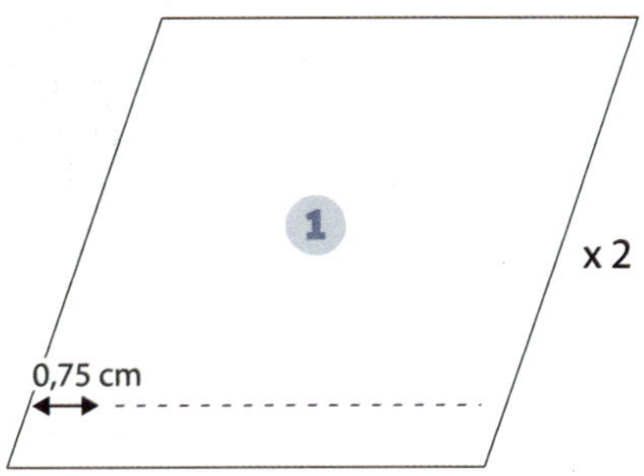

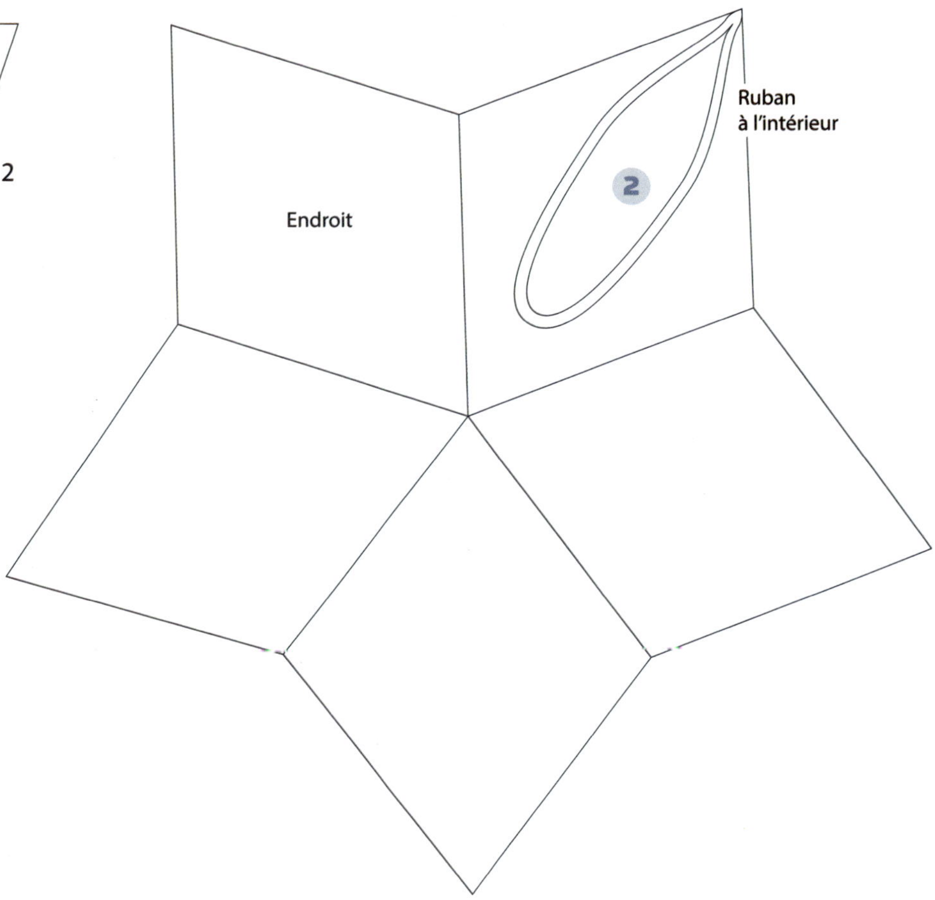

Cousez tout autour de l'étoile en laissant une ouverture (croquis 3).

Coupez les pointes, recoupez à 0,75 cm du bord et retournez l'étoile sur l'endroit. Avec le bout d'un crayon ou d'une baguette, poussez doucement dans les pointes pour bien les faire ressortir.

Introduisez le bourrage petit à petit en le poussant bien dans les pointes.

Refermez l'ouverture à petits points glissés.

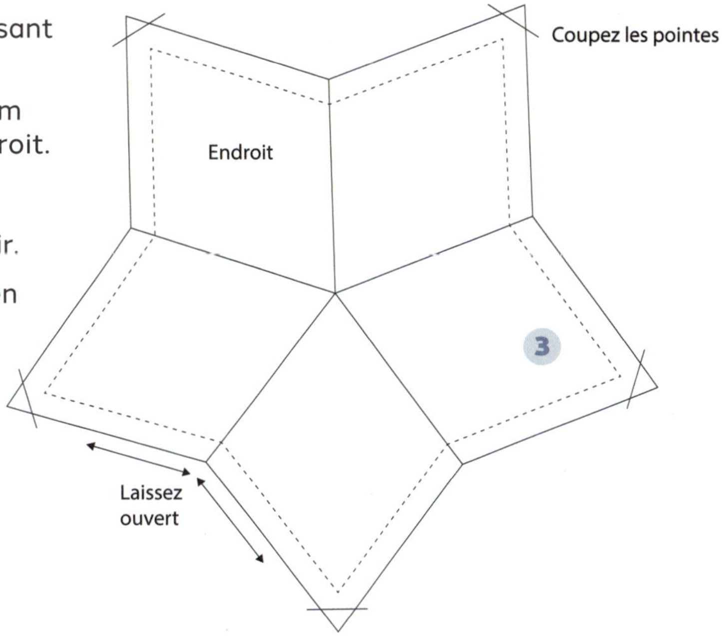

LE PLAID ROUGE ET BLANC

DIMENSIONS : 203,5 X 222 CM

Ce grand plaid sans bordure ni matelassage est facile et rapide à réaliser. Il se drape sur un vieux fauteuil ou un canapé, et peut aussi servir de nappe.

Ce plaid est composé de 132 blocs de 18,5 x 18,5 cm
(croquis page suivante)

FOURNITURES

Tissus rouge et blanc cassé : 2,70 m de chaque

2,10 x 2,35 m pour la doublure

MARCHE À SUIVRE

Dans le tissu blanc cassé, coupez 66 carrés de 20 x 20 cm.

Dans le tissu rouge, coupez 66 carrés de 20 x 20 cm.

MONTAGE

Assemblez les blocs par 12 rangées de 11 en alternant les couleurs.

Couchez les coutures dans une direction opposée d'une rangée à l'autre, repassez.

Assemblez les rangées (voir page 24).

Couchez les coutures avec l'ongle puis repassez.

FINITIONS

Placez la doublure à même le sol, endroit vers vous. Placez le patchwork par-dessus, envers vers vous, en laissant la doublure dépasser tout autour.

Bâtissez.

Piquez tout autour en laissant une ouverture de 30 cm au milieu d'un côté.

Recoupez à 0,75 cm, retournez sur l'endroit. Refermez l'ouverture à petits points glissés.

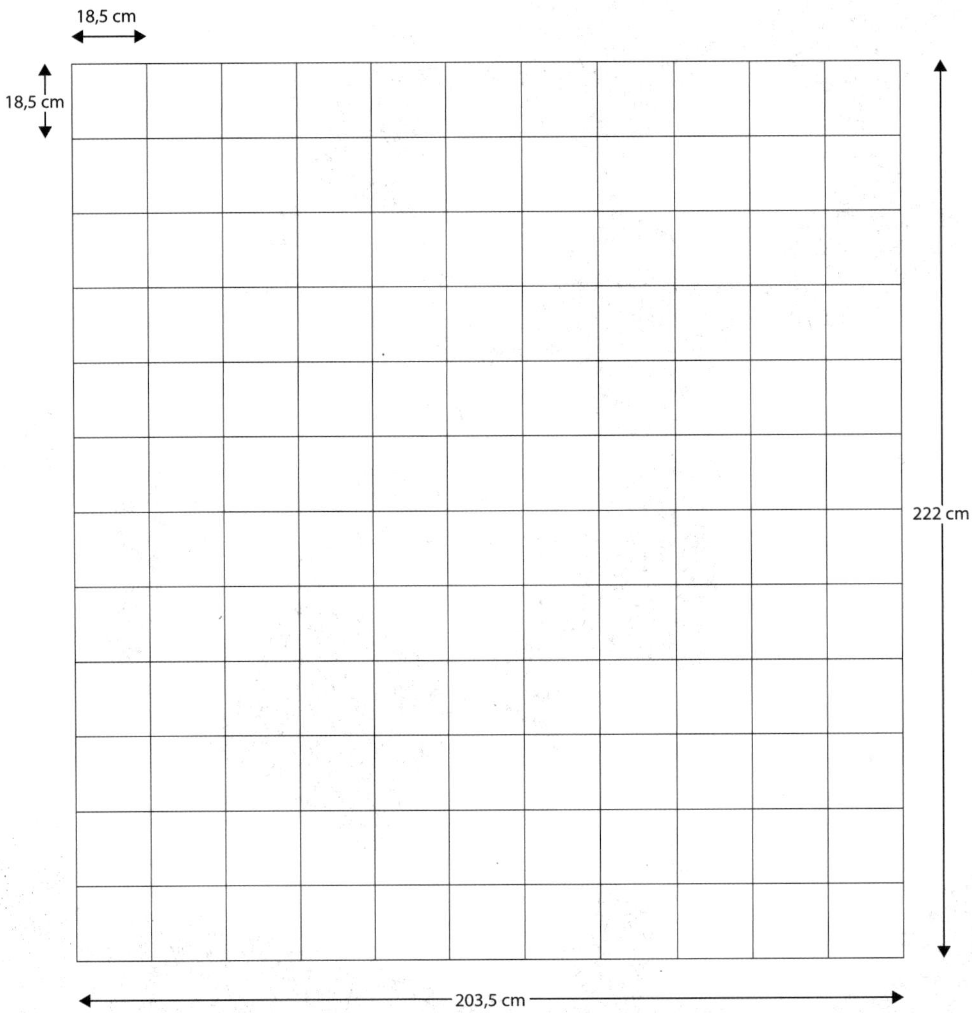

LE PLAID TISSUS UNIS ET RAYÉS

DIMENSIONS : 132 X 132 CM

Résolument graphiques, les tissus rayés, associés à des aplats unis, créent ce patchwork moderne à utiliser en plaid ou à exposer en panneau mural.

Ce plaid est composé de 4 blocs de 50 x 50 cm

La bordure mesure 16 cm de large (croquis 1)

FOURNITURES

TISSUS

Petits métrages et chutes de tissus unis dans des tons de bleu, bleu-vert, vert, vert-jaune, rouge, orange, marron, rouge-orangé, gris, beige, noir

80 x 150 cm de tissu rayé pour la bordure

1,42 x 1,42 m de molleton

1,50 x 1,50 m pour la doublure

MARCHE À SUIVRE (croquis 1)

POUR FAIRE LE BLOC 1 :

Coupez 5 rectangles A, 8 carrés B, 3 rectangles C, 5 rectangles D, soit 21 morceaux en tout.

Assemblez les 2 rectangles A, couchez la couture, repassez. Continuez l'assemblage en couchant les coutures et en repassant à chaque fois.

Assemblez la bande assemblée à un carré B. Assemblez 2 carrés B, assemblez-les au montage précédent. Cousez 1 rectangle D en haut. Assemblez 1 rectangle B à un rectangle D, cousez la bande à droite. Faites de même à gauche.

Assemblez 1 rectangle C, 1 rectangle A et 1 rectangle D, cousez la bande en haut. Faites de même en bas.

Assemblez 2 carrés B, 1 rectangle A, 1 rectangle D et 1 carré B. Cousez la bande à gauche.

En vous inspirant de l'ordre de montage du bloc 1, réalisez les trois autres blocs.

POUR FAIRE LE BLOC 2 :

Coupez 6 rectangles A, 9 carrés B, 2 rectangles C, 5 rectangles D, soit 22 morceaux en tout. Assemblez-les.

POUR FAIRE LE BLOC 3 :

Coupez 6 rectangles A, 9 carrés B, 2 rectangles C, 5 rectangles D, soit 22 en tout. Assemblez-les.

POUR FAIRE LE BLOC 4 :

Coupez 5 rectangles A, 8 carrés B, 3 rectangles C, 4 rectangles D, soit 21 morceaux en tout. Assemblez-les.

1

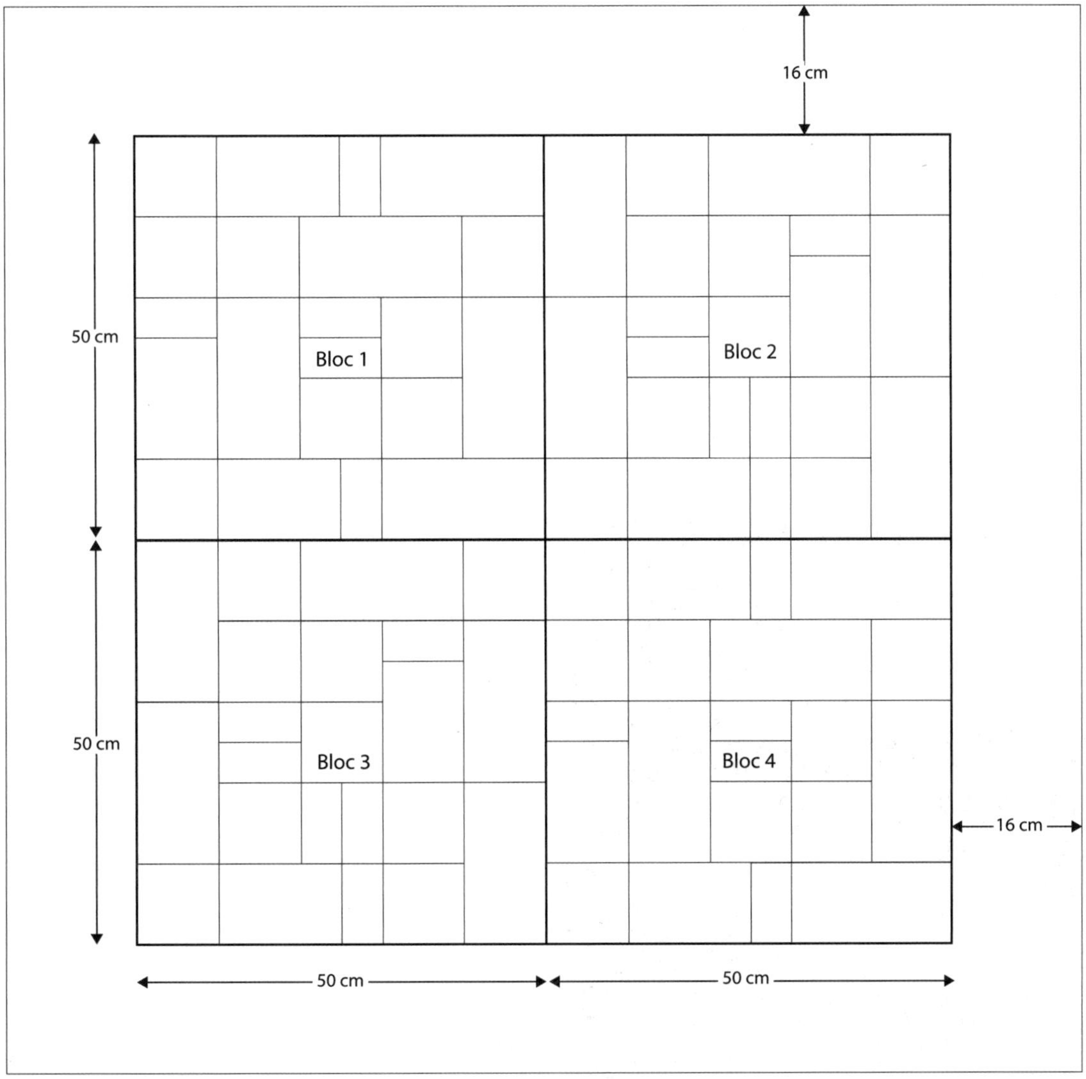
16 cm
50 cm
50 cm
Bloc 1
Bloc 2
Bloc 3
Bloc 4
16 cm
50 cm
50 cm

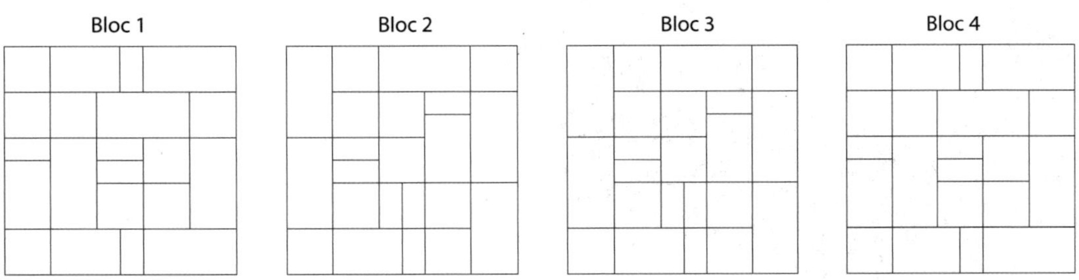
Bloc 1
Bloc 2
Bloc 3
Bloc 4

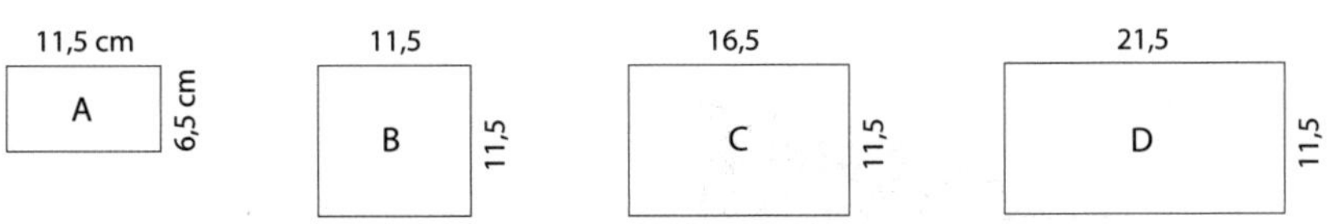
11,5 cm
A
6,5 cm
11,5
B
11,5
16,5
C
11,5
21,5
D
11,5

MONTAGE (croquis 2)

Assemblez les blocs en deux rangées de 2, couchez les coutures dans une direction opposée d'une rangée à l'autre.

Assemblez les rangées, repassez.

BORDURE

Dans le tissu à rayures, coupez des bandes de 17,5 cm de large x 1,50 m. Mesurez le haut du patchwork, coupez la première bande à cette dimension, cousez-la en haut. Couchez la couture vers l'extérieur, repassez. En vous référant au paragraphe sur les bordures page 24, coupez et posez les trois autres bandes, repassez.

FINITIONS

Bâtissez la doublure, le molleton et le patchwork en laissant dépasser bordure et molleton.

Matelassez à la machine entre les coutures des blocs.

Recoupez le molleton au ras du plaid. Retaillez la doublure à 2,5 cm du bord. Repliez-la deux fois sur l'endroit, bâtissez. Cousez-la avec un fil assorti à petits points glissés.

2

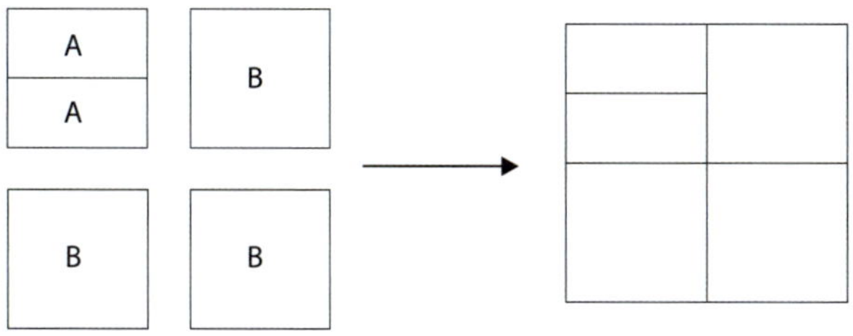

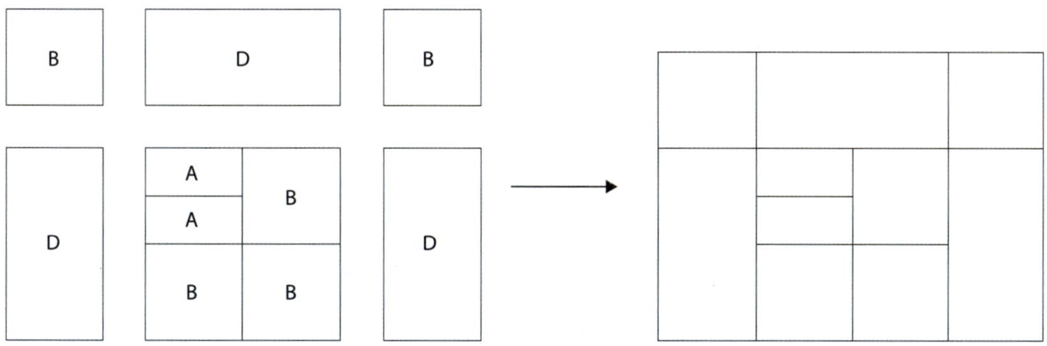

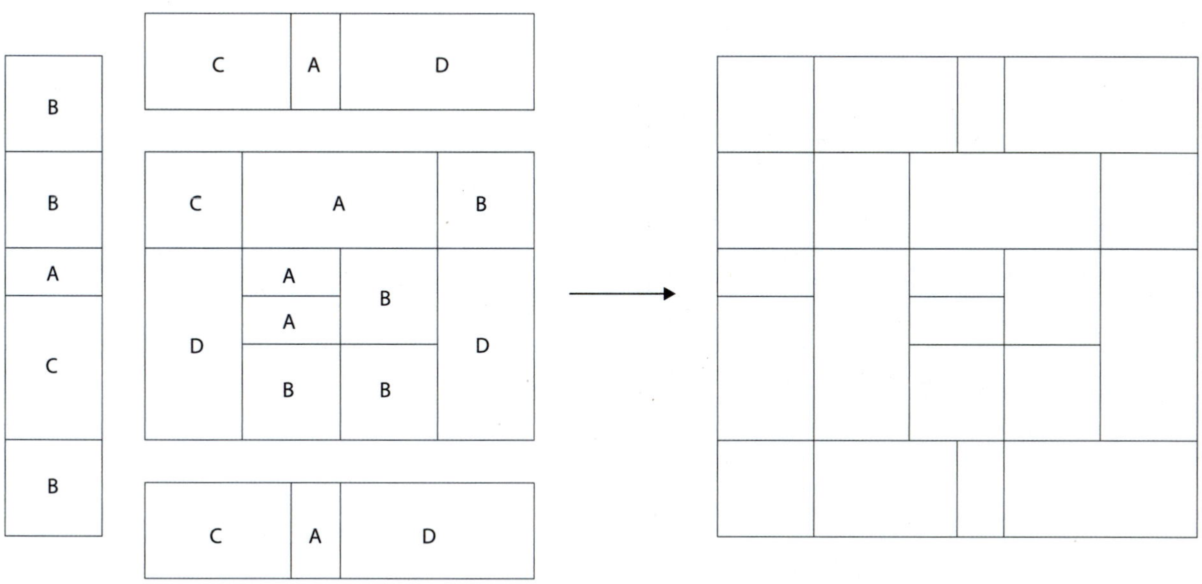

LE PLAID «LES ÉTOILES BLEUES»

DIMENSIONS : 150 X 150 CM
BLOCS : 15 X 15 CM

Très grand, ce plaid couvrira joliment un lit double standard. Il demande un peu de minutie en raison de ses nombreux triangles.

Ce plaid est composé de 81 blocs

- 25 blocs A : un grand carré
- 40 blocs B faits de 4 triangles
- 16 blocs C faits de 9 petits carrés

La bordure mesure 7,5 cm de large

Vue d'ensemble

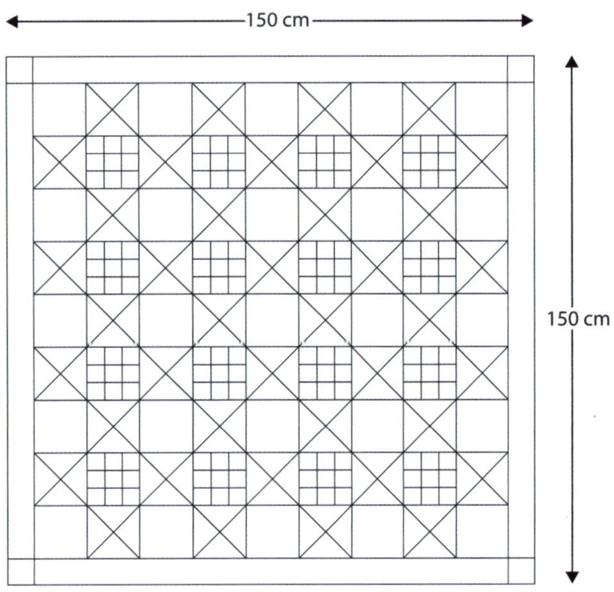

FOURNITURES

TISSUS

20 cm d'une dizaine de tissus bleus imprimés moyens et foncés pour les triangles et les petits carrés

1 m de tissu bleu clair uni pour les triangles

20 cm env. d'une dizaine de tissus à petits imprimés clairs pour les petits et grands carrés

16 chutes de tissus imprimés dans des tons de jaunes pour les petits carrés

50 cm x 1,45 m pour la bordure

1,60 x 1,60 m de molleton

1,60 x 1,60 m pour la doublure

Il vous restera du tissu qui alimentera votre stock pour de futurs projets.

MARCHE À SUIVRE

RÉALISATION DES BLOCS

- **Bloc A** : coupez 25 carrés de 16,5 x 16,5 cm
- **Bloc B** : il vous faut 4 triangles, 2 bleus imprimés et 2 bleu clair unis. Coupez un carré bleu imprimé de 18,75 cm puis recoupez-le en 4 (croquis 1). Faites de même avec le bleu clair. Vous obtenez 8 triangles. Il vous en faut 4 pour un bloc, gardez les 4 autres pour un autre bloc. Assemblez un triangle clair à un foncé, 2 fois. Couchez la couture vers le foncé. Assemblez les deux montages, repassez, puis coupez les pointes qui dépassent. Faites 40 blocs (croquis 2).
- **Bloc C** : coupez des carrés de 6,5 x 6,5 cm. Il vous faut 4 carrés bleus imprimés, 1 carré jaune, 4 carrés imprimés clairs. Assemblez les carrés en rangées de 3. Couchez les coutures dans une direction opposée d'une rangée à l'autre, repassez. Montez les rangées, repassez (croquis 3). Faites 16 blocs.

1

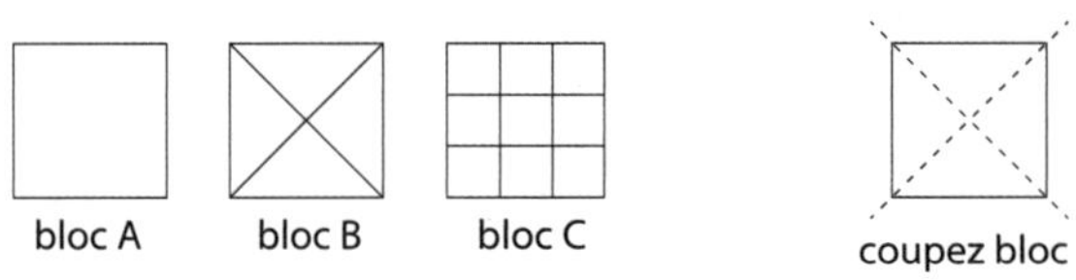

2 bloc B

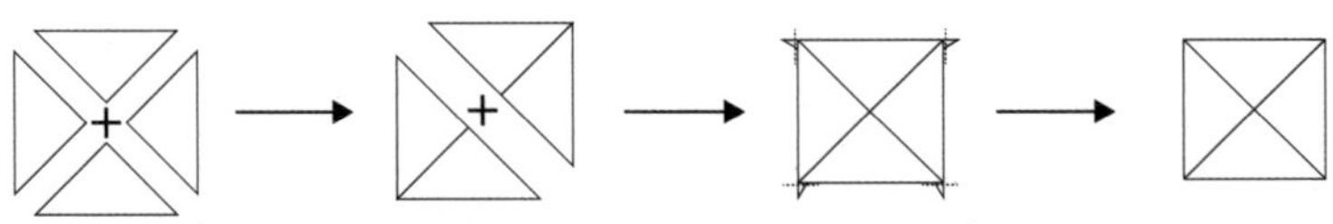

3

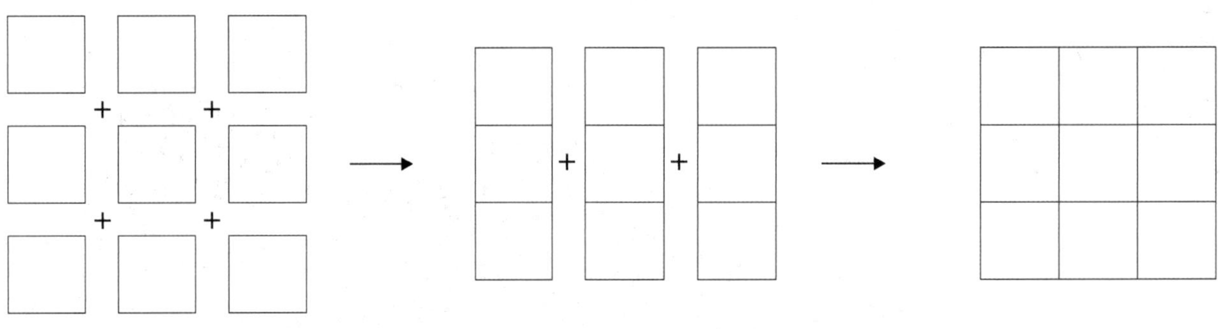

MONTAGE

Assemblez les blocs en 9 rangées de 9 blocs (croquis 4). Couchez les coutures dans une direction opposée d'une rangée à l'autre, repassez. Assemblez les rangées. Repassez.

BORDURE

Coupez 4 carrés de 9 x 9 cm pour les angles.

Mesurez la largeur du plaid.

Coupez 4 bandes de 9 cm de large x cette largeur. Cousez une bordure en haut et une en bas, repassez.

Cousez un carré de chaque côté des deux bandes restantes, cousez-les à droite et à gauche, repassez (croquis 5).

FINITIONS

Bâtissez la doublure, le molleton et le patchwork en laissant dépasser bordure et molleton.

Matelassez à la machine entre les coutures des blocs.

Recoupez le molleton au ras du plaid. Retaillez la doublure à 2 cm du bord. Repliez-la deux fois sur l'endroit, bâtissez. Cousez-la avec un fil assorti à petits points glissés.

4

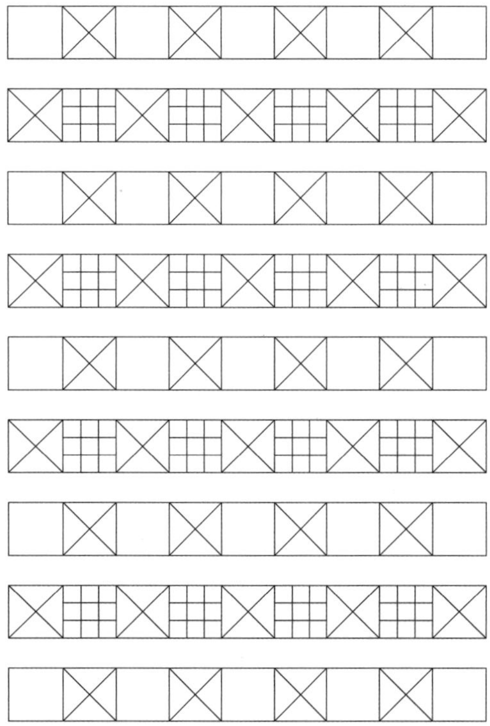

5

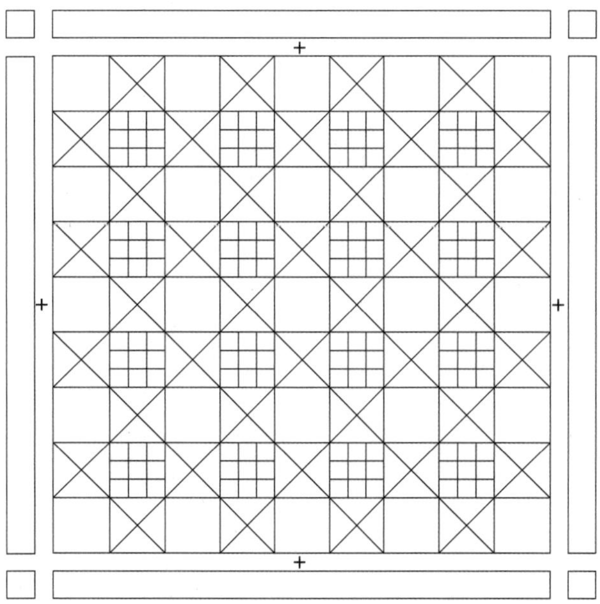

LE PLAID EN LAINE

DIMENSIONS : 145 X 145 CM

Chinez de beaux tissus en laine pour réaliser ce plaid douillet qui sera parfait dès les premiers frimas !

Ce plaid est composé de 16 blocs de 30 x 30 cm.

La bordure mesure 12,5 cm de large (croquis 1).

FOURNITURES

TISSUS

Petits métrages et chutes de tissus en laine

1,50 m x 70 cm de tissu lainage bleu gris pour la bordure

1,55 m x 1,55 m de molleton

1,55 m x 1,55 m de tissu lainage pour la doublure

1

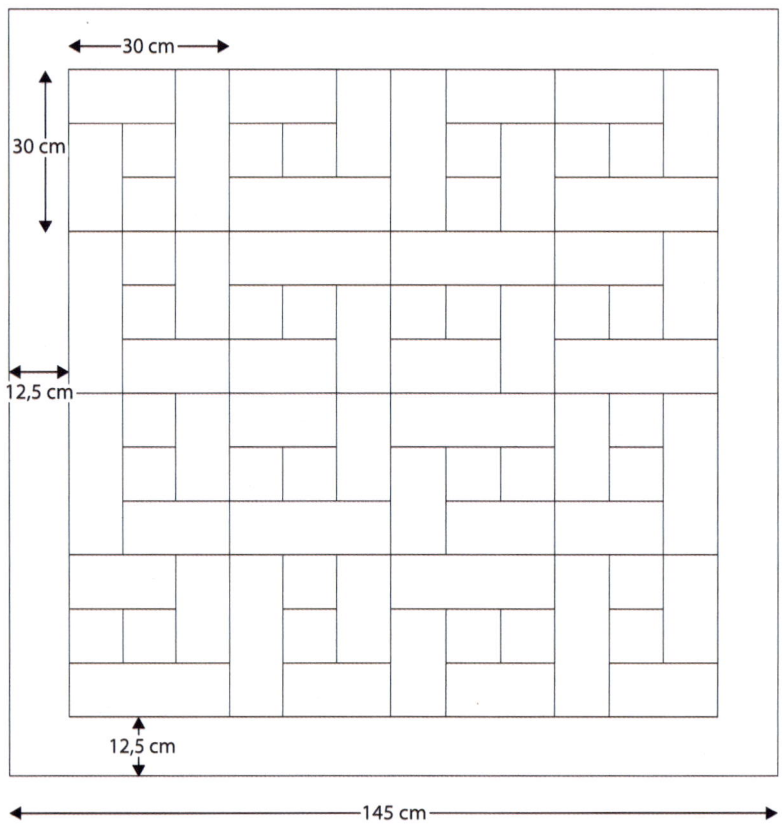

MARCHE À SUIVRE

POUR FAIRE UN BLOC (croquis 2) :

Coupez 2 carrés A de 11,5 x 11,5 cm,
2 rectangles B de 11,5 x 21,5 cm et
1 rectangle C de 11,5 x 31,5 cm.

Assemblez les 2 carrés, couchez la couture, repassez. Assemblez le rectangle B, couchez les coutures, repassez. Assemblez le rectangle C, couchez les coutures, repassez.

Réalisez ainsi les 16 blocs.

2

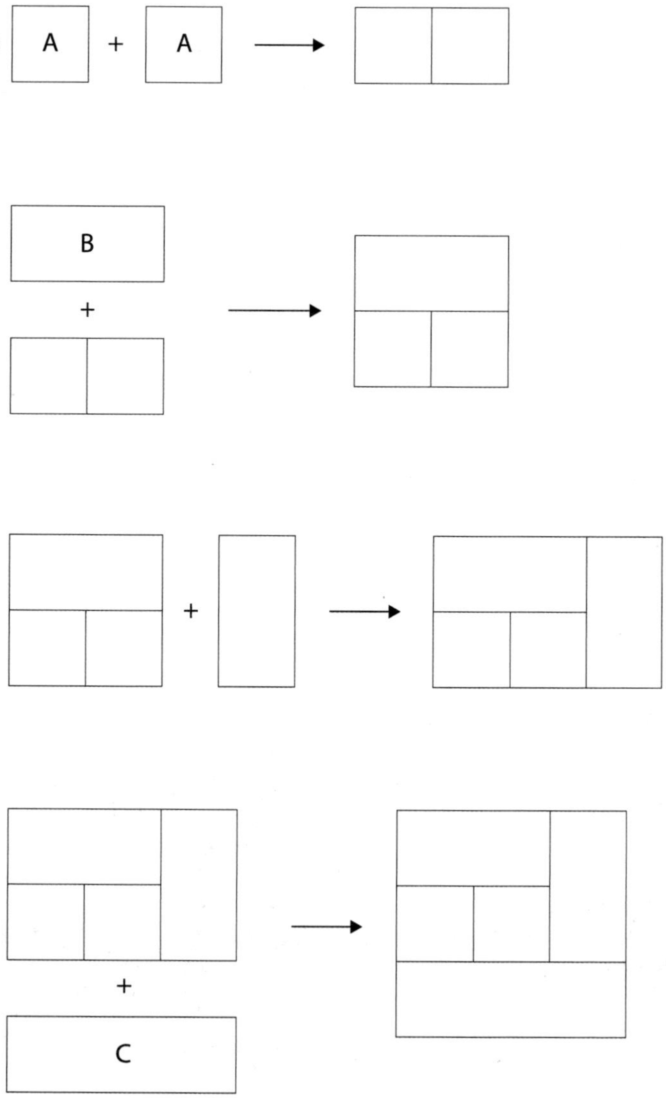

ASSEMBLAGE

Assemblez les blocs par 4 rangées de 4, couchez les coutures dans une direction opposée d'une rangée à l'autre (croquis 3 et 4).

Assemblez les rangées puis repassez.

BORDURE

Dans le tissu bleu gris, coupez des bandes de 14 cm de large x 1,50 m. Mesurez le haut du patchwork, coupez la première bande à cette dimension, cousez-la en haut. Couchez la couture vers l'extérieur, repassez. En vous référant au paragraphe sur les bordures page 24, posez les trois autres bandes, puis repassez.

FINITIONS

Bâtissez la doublure, le molleton et le patchwork en laissant dépasser bordure et molleton.

Matelassez à la main entre les coutures des blocs.

Recoupez le molleton au ras du plaid. Retaillez la doublure à 2,5 cm du bord. Repliez-la deux fois sur l'endroit, bâtissez. Cousez-la avec un fil assorti à petits points glissés.

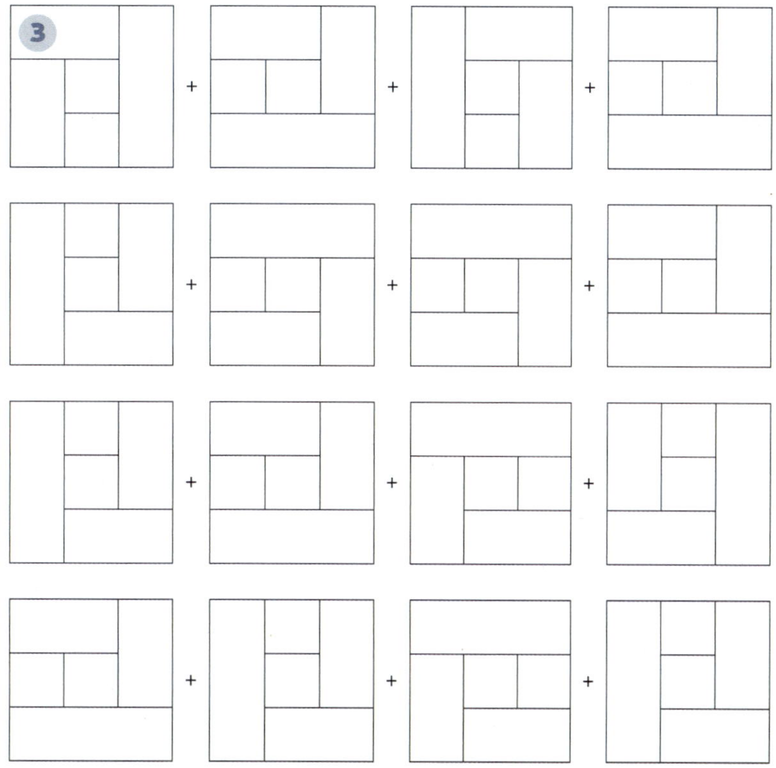

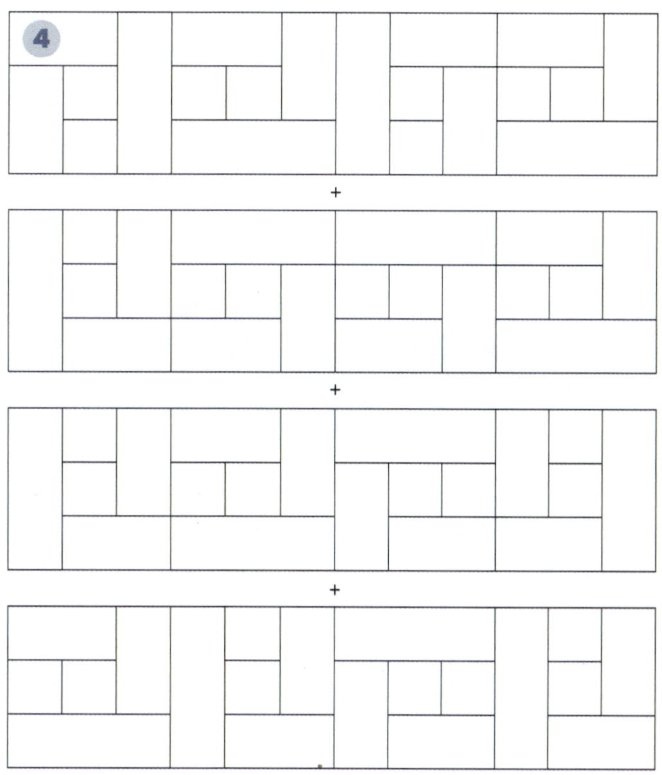

LE COUSSIN ÉTOILE FLEURIE

DIMENSIONS : 40 X 40 CM

Soyez minutieux dans la préparation de vos morceaux. Faites bien coïncider les repères de couture afin que vos triangles soient bien nets.

FOURNITURES

Chutes de tissus imprimés dans des tons de rose, rouge, orangé, rouge-orangé pour les triangles de l'étoile et chute de bleu imprimé pour les triangles autour du carré central

Tissu central à fleur : un morceau de 13 x 13 cm

Tissu rayé bleu : 20 cm

Tissu à fleurs pour la bordure : 30 cm

Tissu pour le dos : 2 morceaux de 30 x 46 cm

Un coussin de 40 x 40 cm

Vue d'ensemble

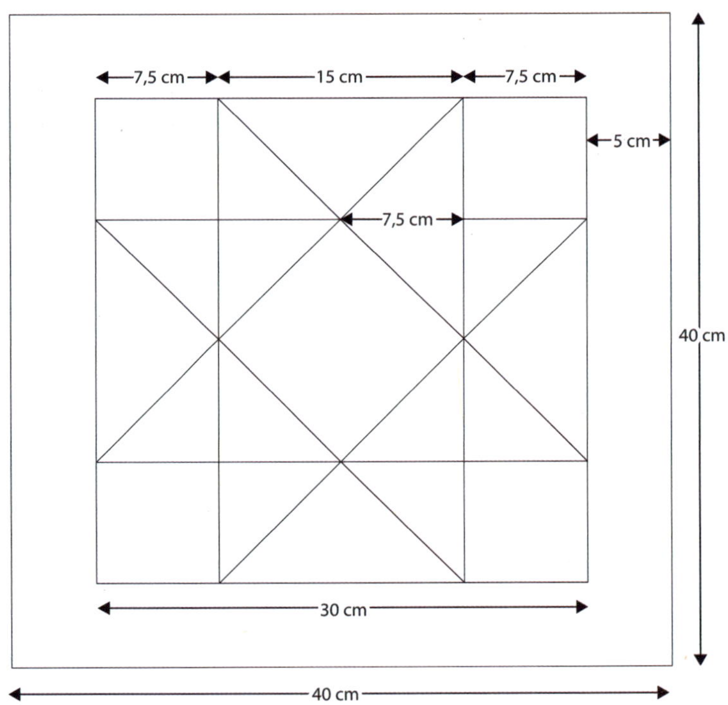

MARCHE À SUIVRE

Pour réaliser l'étoile :

Coupez bien précisément le carré central de 12,15 x 12,15 cm (placez le carré de coupe un peu avant la ligne de 12,25 cm).

Dans 4 tissus pour les triangles, coupez précisément 1 carré de 10,15 cm de côté par tissu, vous obtenez 4 carrés. Recoupez-les en deux par la diagonale, vous obtenez 8 triangles.

Dans le tissu bleu central, coupez précisément 2 carrés de 10,15 cm de côté, recoupez-les en deux par la diagonale. Vous obtenez 4 triangles.

Dans le tissu bleu rayé, coupez 2 carrés de 18,75 cm de côté. Recoupez en quatre par les diagonales, vous obtenez 8 triangles (croquis 1). Gardez les triangles avec les rayures perpendiculaires à la base du triangle. (Placez les autres dans votre sac à chutes pour un autre projet). Dans le même tissu, coupez 4 carrés de 9 x 9 cm.

ASSEMBLAGE

Respectez bien la valeur de couture de 0,75 cm. Si vous rencontrez des difficultés, n'hésitez pas à tracer la valeur de couture avec le réglet. Utilisez un porte-mine et tracez sur l'envers des morceaux (croquis 2).

Cousez les 4 triangles autour du carré central. Attention, les pointes des triangles dépassent largement, c'est normal ! Couchez les coutures, repassez. Coupez les pointes des triangles.

Assemblez 2 triangles de chaque côté du grand triangle bleu rayé, couchez les coutures, repassez, coupez les pointes. Répétez l'opération trois autres fois.

Cousez 1 rectangle obtenu de chaque côté du carré central, couchez les coutures, repassez.

Cousez 1 carré de chaque côté de deux bandes restantes, cousez-les de chaque côté, couchez les coutures, repassez (croquis 3).

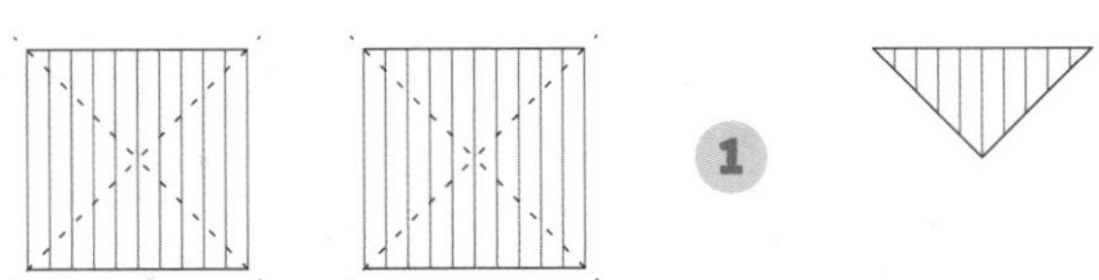

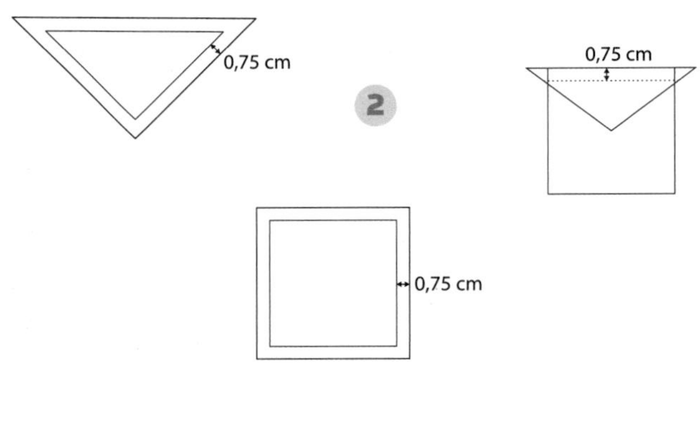

BORDURE

Coupez 1 bande de 6,5 x 31,5 cm. Cousez-la en haut, repassez. Coupez 2 bandes de 6,5 x 36,5 cm, cousez-les à droite et en bas, repassez. Coupez 1 bande de 6,5 x 41,5 cm, cousez-la à gauche, repassez.

FINITIONS

Préparez le dos : faites un petit ourlet sur le côté qui mesure 46 cm sur les 2 rectangles (voir page 28 « finitions coussins »).

Posez les 2 rectangles sur le coussin endroit contre endroit en laissant dépasser les deux morceaux du dos, épinglez, piquez tout autour. Recoupez le dos du coussin à 0,75 cm du bord, retournez sur l'endroit.

Insérez le coussin.

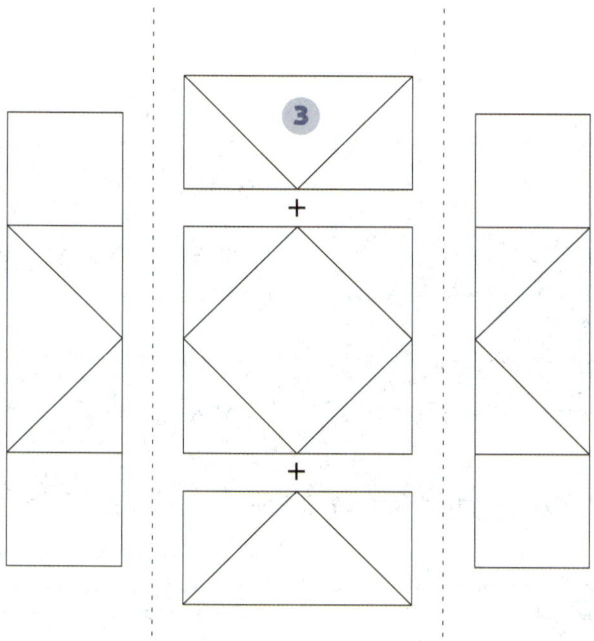

LE COUSSIN RAYÉ

DIMENSIONS : 40 X 40 CM

FOURNITURES

Chutes des tissus utilisés dans le plaid rayé

1 morceau de 30 x 45 cm de tissu orangé pour la bordure

2 morceaux de tissus de 30 x 46 cm pour le dos

1 coussin de 40 x 40 cm

MARCHE À SUIVRE

Coupez 2 rectangles A de 11,5 x 21,5 cm

Coupez 3 carrés B de 11,5 x 11,5 cm

Coupez 4 rectangles C de 6,5 x 11,5 cm

Coupez 4 bandes de 6,5 x 45 cm dans le tissu orangé

Vue d'ensemble

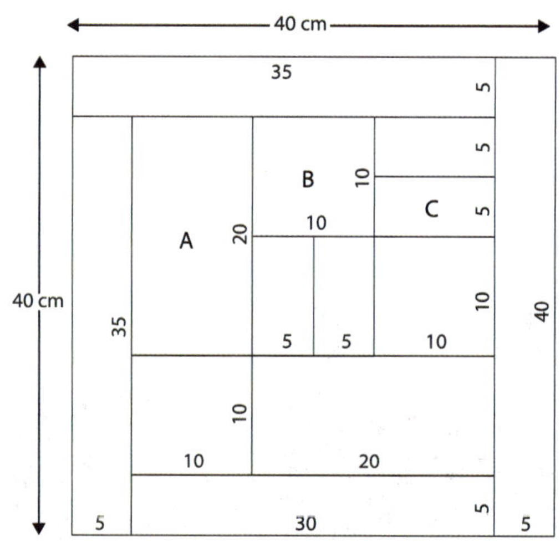

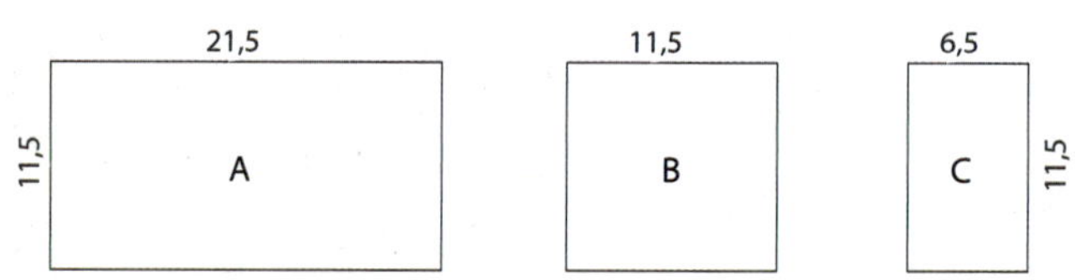

MONTAGE

Assemblez 2 rectangles C pour former un carré. Assemblez-le à 1 carré B. Répétez avec 2 autres rectangles et 1 carré B, repassez. Assemblez les 4 morceaux deux par deux pour former deux bandes puis assemblez les bandes.

En bas, assemblez un rectangle A, repassez. Préparez la bande de gauche : assemblez 1 rectangle A à 1 carré B, puis assemblez cette bande au montage précédent, repassez.

Recoupez une bande de tissu orangé à 31,5 cm, posez-la en haut, repassez. Recoupez deux autres bandes à 36,5 cm, assemblez-les à droite et en bas, repassez.

Recoupez la dernière bande à 41,5 cm, posez-la à gauche. Repassez. (croquis 1)

Préparez le dos : faites un petit ourlet sur le côté qui mesure 46 cm sur les 2 rectangles (voir page 28 «finitions coussins»).

Posez les 2 rectangles sur le coussin endroit contre endroit en laissant dépasser les deux morceaux du dos, épinglez, piquez tout autour en arrondissant la couture dans les angles. Recoupez le dos du coussin à 0,75 cm du bord, retournez sur l'endroit. Insérez le coussin.

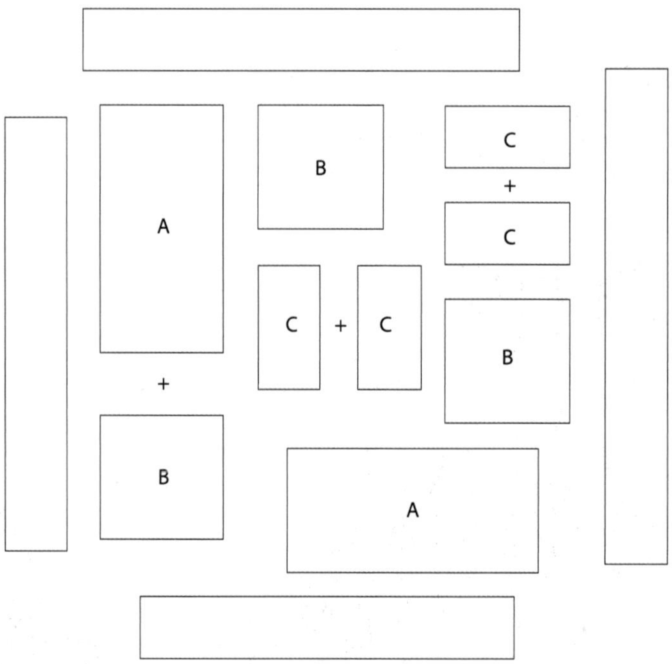

1

LE COUSSIN EN RÉCUP' DE LAINAGES

DIMENSIONS 40 X 40 CM

Ne jetez plus vos pulls mités! Récupérez les parties saines et réalisez ce coussin graphique aux couleurs «Amish».

FOURNITURES

Vieux pulls en cachemire et en laine dans des tons de vert, bleu, rouge-violet, violet, gris

2 morceaux de 32 x 48 cm de tissu lainage pour le dos

1,20 m d'entoilage thermocollant vlieseline fin

1 coussin de 40 x 40 cm

Vue d'ensemble

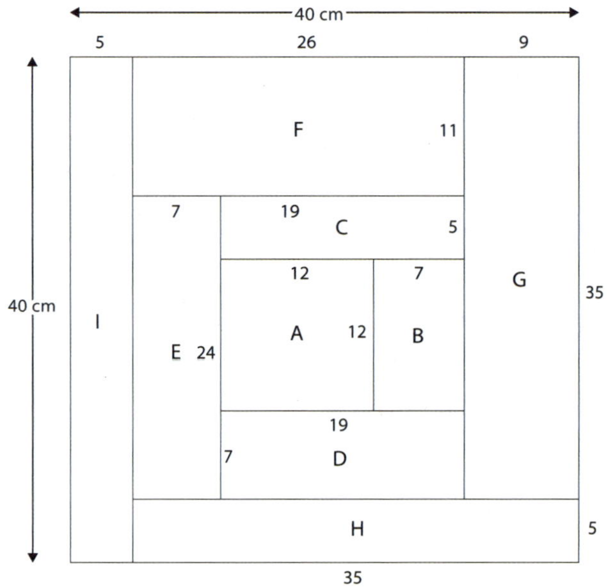

MARCHE À SUIVRE

Préparez les 9 morceaux

- **Carré A** : dans la vlieseline, coupez un carré de 14 x 14 cm. Dans un pull, coupez un carré de 15 x 15 cm. Collez la vlieseline au dos au fer. Recoupez le carré à 13,5 x 13,5 cm.
- **Rectangle B** : dans la vlieseline, coupez un rectangle de 9 x 14 cm. Dans un pull, coupez un rectangle de 10 x 15 cm. Collez la vlieseline au dos au fer. Recoupez le rectangle à 8,5 x 13,5 cm.
- **Rectangle C** : dans la vlieseline, coupez un rectangle de 7 x 21 cm. Dans un pull, coupez un rectangle de 8 x 22 cm. Collez la vlieseline au dos au fer. Recoupez le rectangle à 6,5 x 20,5 cm.
- **Rectangle D** : dans la vlieseline, coupez un rectangle de 9 x 21 cm. Dans un pull, coupez un rectangle de 10 x 22 cm. Collez la vlieseline au dos au fer. Recoupez le rectangle à 8,5 x 20,5 cm.
- **Rectangle E** : dans la vlieseline, coupez un rectangle de 9 x 26 cm. Dans un pull, coupez un rectangle de 10 x 27 cm. Collez la vlieseline au dos au fer. Recoupez le rectangle à 8,5 x 25,5 cm.
- **Rectangle F** : dans la vlieseline, coupez un rectangle de 13 x 28 cm. Dans un pull, coupez un rectangle de 14 x 29 cm. Collez la vlieseline au dos au fer. Recoupez le rectangle à 12,5 x 27,5 cm.
- **Rectangle G** : dans la vlieseline, coupez un rectangle de 11 x 37 cm. Dans un pull, coupez un rectangle de 12 x 38 cm. Collez la vlieseline au dos au fer. Recoupez le rectangle à 10,5 x 36,5 cm.
- **Rectangle H** : dans la vlieseline, coupez un rectangle de 7 x 37 cm. Dans un pull, coupez un rectangle de 8 x 38 cm. Collez la vlieseline au dos au fer. Recoupez le rectangle à 6,5 x 36,5 cm.
- **Rectangle I** : dans la vlieseline, coupez un rectangle de 7 x 42 cm. Dans un pull, coupez un rectangle de 8 x 43 cm. Collez la vlieseline au dos au fer. Recoupez le rectangle à 6,5 x 41,5 cm.

ASSEMBLAGE

Cousez le carré A au rectangle B, repassez. Assemblez le rectangle C en haut et le rectangle D en bas, repassez. Assemblez le rectangle E, repassez, puis le rectangle F, repassez. Assemblez ensuite les rectangles G, H et I en repassant à chaque fois. (croquis 1)

Préparez le dos : dans la vlieseline, coupez deux rectangles de 32 x 47 cm. Collez-les au dos des rectangles au fer à repasser, recoupez à 30 x 46 cm. Faites un petit ourlet sur le côté qui mesure 46 cm sur les deux rectangles (voir page 28 « finitions coussins »).

Posez les deux rectangles sur le coussin endroit contre endroit en laissant dépasser les deux morceaux du dos, épinglez et piquez tout autour. Recoupez le dos du coussin à 0,75 cm du bord, retournez sur l'endroit et insérez le coussin.

1

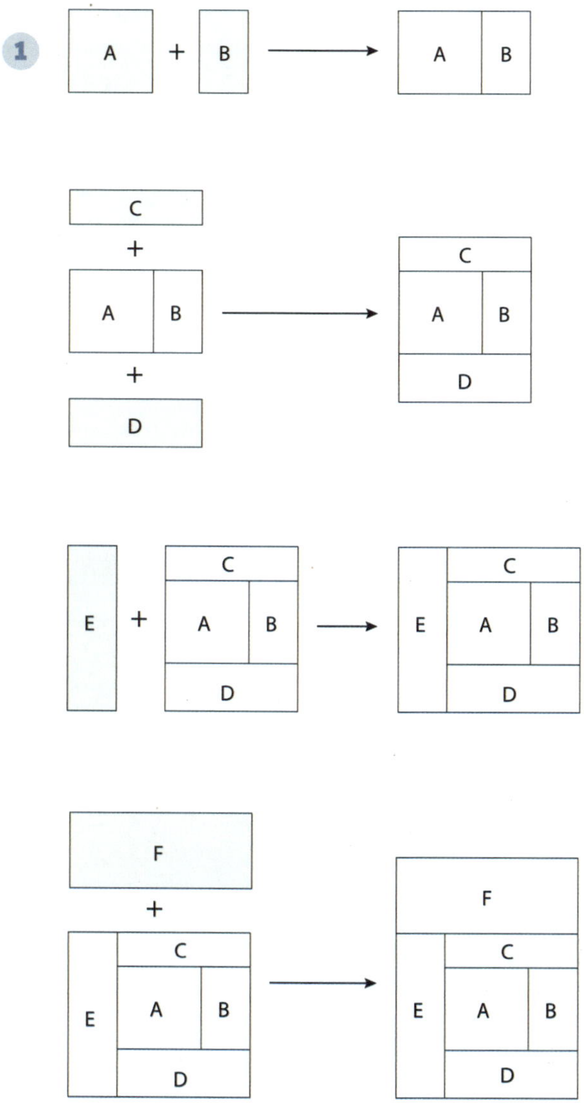
A + B → A B
C + A B + D → C A B D
E + C A B D → E C A B D
F + E C A B D → F E C A B D

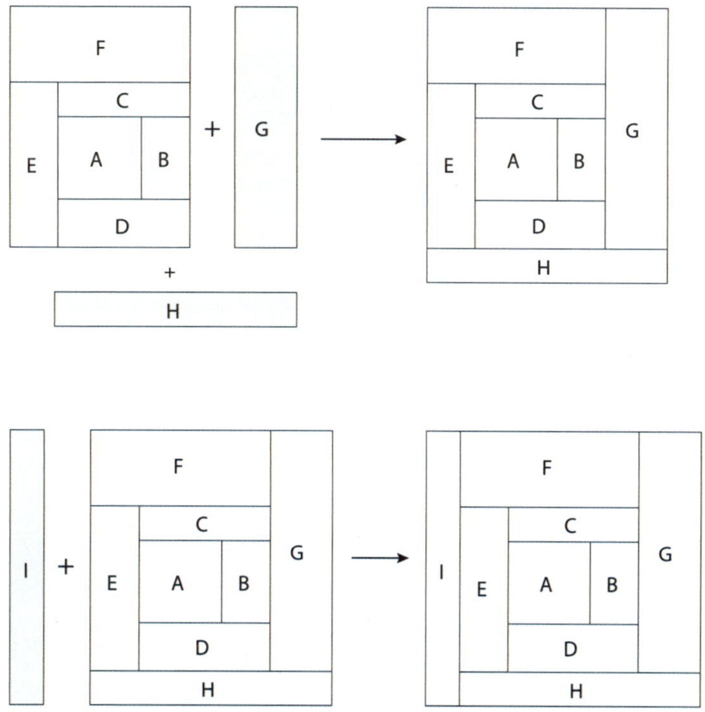
F E C A B D + G + H → F E C A B D G H
I + F E C A B D G H → I F E C A B D G H

LE COUSSIN KALÉIDOSCOPE

DIMENSIONS : 32 X 66 CM
BLOCS : 22 X 22 CM

Choisissez une belle gamme de tissus unis pour réaliser ce long coussin rectangulaire.

FOURNITURES

Chutes de tissus unis dans des tons de rose, vert, bleu, jaune, orangé, ocre, violet

Blanc cassé : 1,50 m

Bourrage pour coussin

Vue d'ensemble

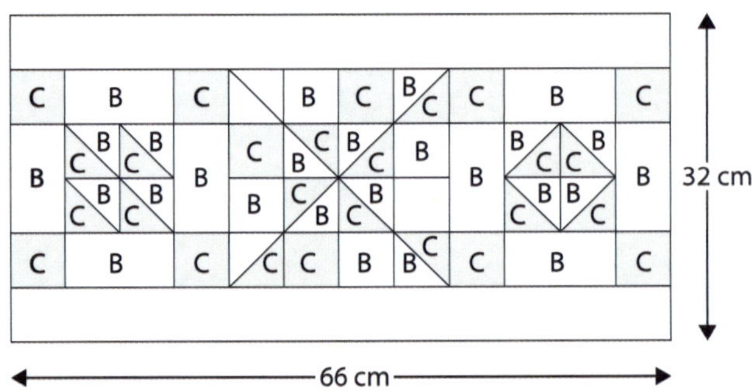

Bloc 1

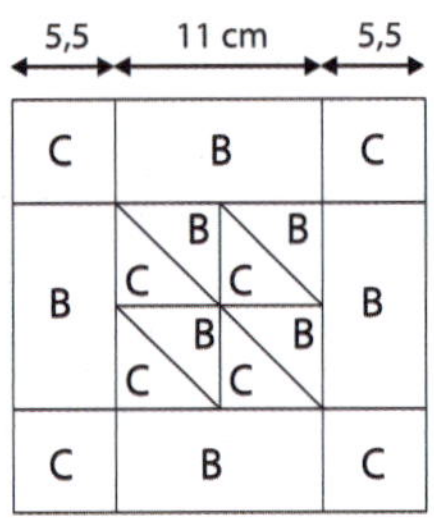

Bloc 2

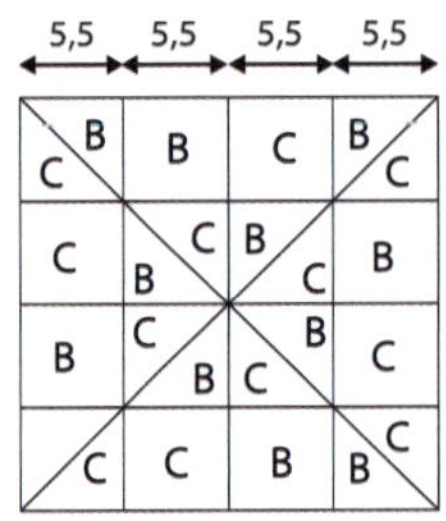

Bloc 3

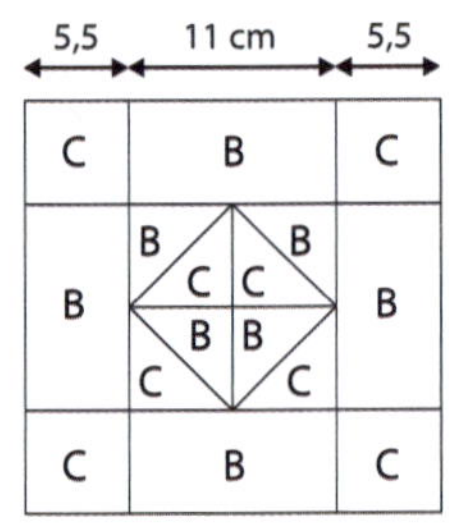

MARCHE À SUIVRE

BLOC 1 (croquis 1)

Dans le tissu blanc cassé : coupez 4 rectangles de 7 x 12,5 cm et 2 carrés de 8,15 cm (soyez précis : placez votre carré de coupe à un peu moins que 8,25 cm). Recoupez les carrés en deux par la diagonale pour obtenir 4 triangles.

Dans 4 tissus de couleur, coupez 1 carré de 7 x 7 cm (soit 4 carrés en tout). Coupez 1 carré de 8,15 cm (soit 4 carrés en tout). Recoupez ces derniers carrés en deux par la diagonale, gardez un triangle de chaque couleur.

Assemblez les triangles blanc cassé au triangle de couleur. Couchez la couture vers les tissus foncés, repassez. Coupez les pointes qui dépassent (croquis 2). Assemblez les carrés obtenus 2 par 2 pour former deux bandes. Assemblez les bandes, repassez.

Cousez un rectangle en haut et un en bas, repassez.

Cousez les carrés de couleur de chaque côté des rectangles restants, repassez. Cousez ces bandes à droite et à gauche, repassez.

1 Bloc 1

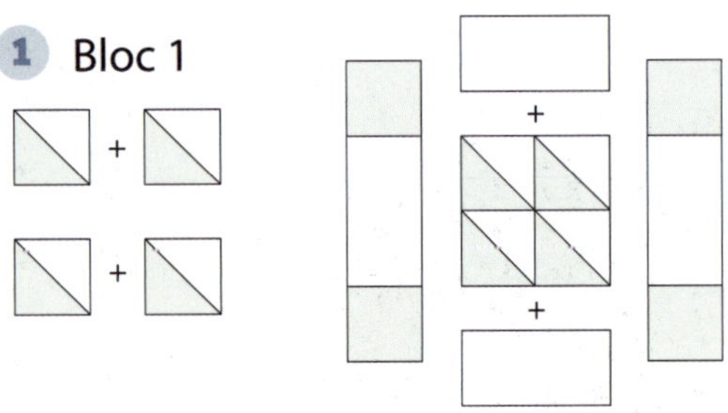

BLOC 2 (croquis 3)

Dans le tissu blanc cassé, coupez 4 carrés de 7 x 7 cm.

Coupez 4 carrés de 8,15 x 8,15 cm, recoupez-les en 2 pour obtenir 8 triangles.

Dans les tissus de couleur, coupez 8 carrés de 8,15 x 8,15 cm, recoupez-les en 2. Gardez 8 triangles.

Assemblez les triangles blanc cassé et les triangles de couleur, couchez la couture vers le foncé, repassez, recoupez les pointes qui dépassent.

Assemblez les carrés blanc cassé et ceux faits de triangles en 4 rangées de 4. Assemblez les rangées, repassez.

BLOC 3 (croquis 4)

Dans le tissu blanc cassé : coupez 4 rectangles de 7 x 12,5 cm et 2 carrés de 8,15 cm. Recoupez les carrés en deux par la diagonale pour obtenir 4 triangles.

Dans 4 tissus de couleur, coupez 1 carré de 7 x 7 cm (soit 4 carrés en tout). Coupez 1 carré de 8,15 cm (soit 4 carrés en tout). Recoupez ces derniers carrés en deux par la diagonale, gardez un triangle de chaque couleur. Assemblez les triangles blanc cassé au triangle de couleur. Couchez la couture vers les tissus foncés, repassez. Coupez les pointes qui dépassent. Assemblez les carrés obtenus 2 par 2 pour former deux bandes. Assemblez les bandes, repassez.

Cousez un rectangle en haut et un en bas, repassez.

Cousez les carrés de couleur de chaque côté des rectangles restant, repassez.

3 Bloc 2

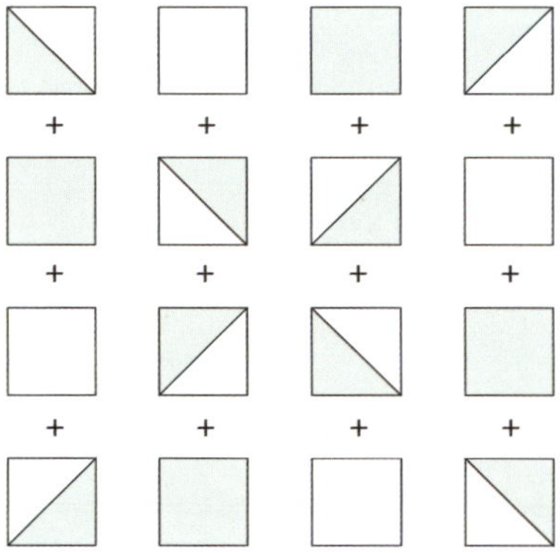

4 Bloc 3

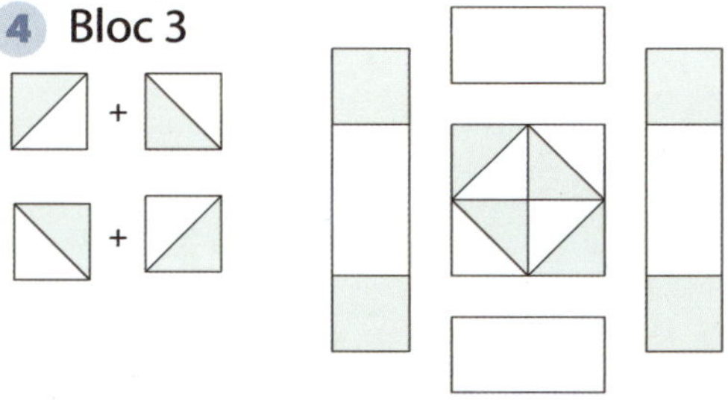

Cousez ces bandes à droite et à gauche, repassez.

MONTAGE

Assemblez les 3 blocs.

Dans le tissu blanc cassé, coupez deux bandes 6,5 x 37,5 cm. Cousez-les en haut et en bas. Repassez.

Préparez le dos : dans le tissu blanc cassé, coupez 2 rectangles de 38 x 43 cm. Faites un petit ourlet sur le côté qui mesure 38 cm sur les 2 rectangles (voir page 28 «finitions coussins»).

Posez les 2 rectangles sur le coussin endroit contre endroit en laissant dépasser les deux morceaux du dos, épinglez, piquez tout autour. Recoupez le dos du coussin à 0,75 cm du bord, retournez à l'endroit. Insérez le coussin.

Préparez le coussin : dans le tissu blanc cassé, coupez 2 rectangles de 33,5 x 67,5 cm. Cousez-les endroit contre endroit en laissant une ouverture de 20 cm. Retournez sur l'endroit. Introduisez le bourrage, refermez l'ouverture à petits points glissés.

Insérez le coussin dans la housse en patchwork.

LE GRAND CABAS

DIMENSIONS : 46 X 58 CM

Intemporelle, la toile de Jouy est du plus bel effet sur ce grand cabas à usage multiple. Pour ce projet, j'ai utilisé les élégantes toiles de Jouy de l'éditeur Manuel Canovas. Vous pouvez aussi réaliser ce cabas avec d'autres tissus de votre choix.

FOURNITURES

Tissus : 5 toiles de Jouy

30 cm de quatre toiles (il faut prévoir large car avec les motifs espacés des Toiles, il y aura de la perte à la découpe)

1 m d'une cinquième toile (qui servira aussi pour la doublure)

1m de tissu pour la doublure

MARCHE À SUIVRE (croquis 1)

Dans les différentes toiles, coupez 12 carrés de 13,5 x 13,5 cm.

Assemblez-les en trois rangées de 4, couchez les coutures dans une direction opposée d'une rangée à l'autre, repassez. Assemblez les rangées, repassez.

Coupez une bande de 6,5 cm x 37,5 cm, cousez-la à gauche, repassez.

Coupez une bande de 6,5 x 54,5 cm, cousez-la en haut, repassez.

Coupez une bande de 6,5 x 42,5 cm, cousez-la à droite, repassez.

Coupez une bande de 6,5 x 59,5 cm, cousez-la en bas, repassez.

Dans différentes toiles, coupez 1 rectangle de 47,5 x 59,5 cm pour l'envers du sac, 2 rectangles de 18,5 x 47,5 cm pour les côtés, 1 rectangle de 18,5 x 59,5 cm pour le fond.

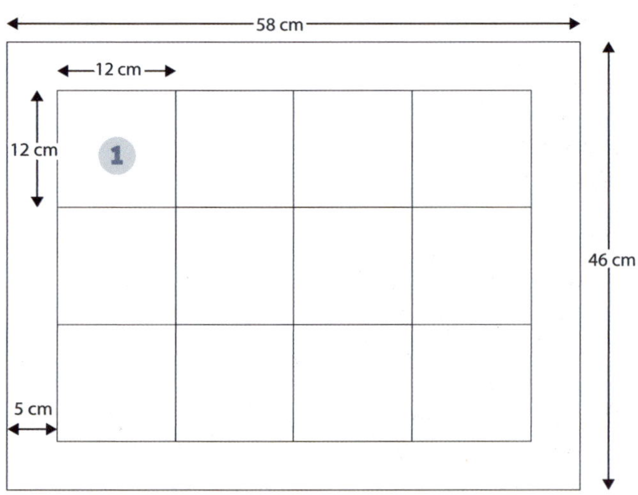

2

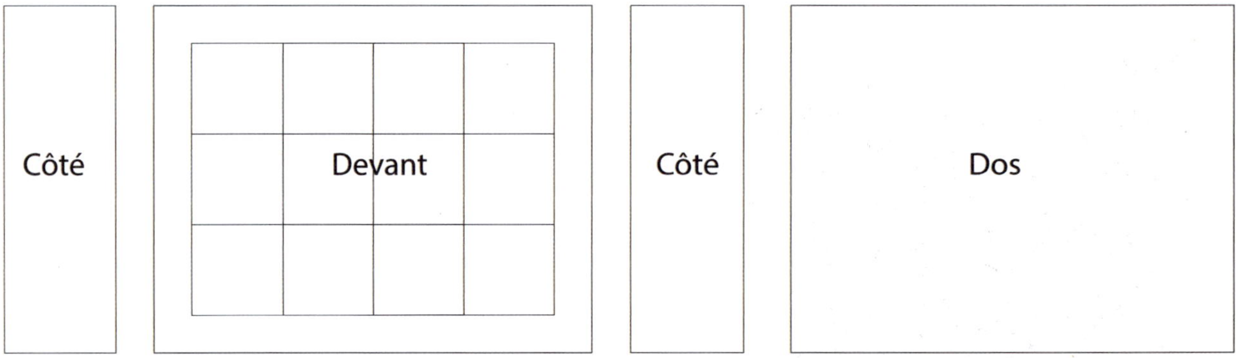

ASSEMBLAGE

Assemblez, endroit contre endroit, les 2 rectangles de côté sur le devant du sac, puis au dos (croquis 2). Assemblez le côté restant du dos au côté restant d'un des morceaux de côté.

Assemblez le fond du sac aux morceaux précédents, couchez les coutures, repassez (croquis 3).

Dans le tissu pour la doublure, coupez et réalisez un deuxième sac en suivant les explications ci-dessus et en laissant une ouverture de 20 cm au milieu d'un côté.

POCHE

Coupez un rectangle de 17 x 20 cm. Faites un double rentré d'1 cm en haut, piquez. Repliez les côtés et le bas sur 0,75 cm, piquez. Placez la poche au centre de la doublure du sac, envers contre envers. Piquez les côtés et le bas.

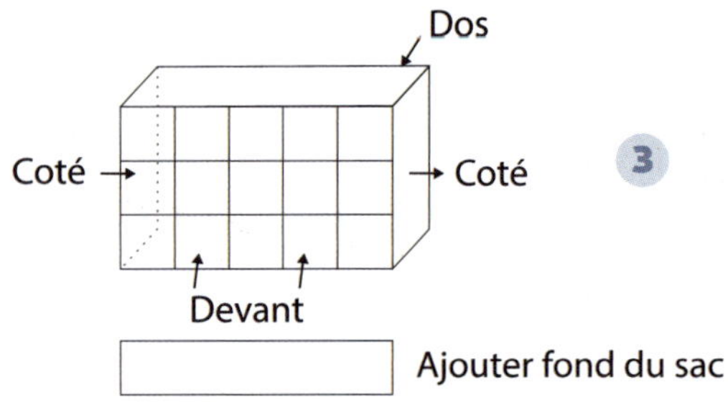

3

LES ANSES

Coupez 2 bandes de 10 x 76 cm. Repliez-les en 4, piquez. Ajoutez une deuxième piqûre.

FINITIONS

Retournez le cabas sur l'envers. Insérez la doublure dans le cabas endroit contre endroit. Placez les anses à l'intérieur à 9 cm, épinglez-les (croquis 4). Piquez tout autour en haut, retournez sur l'endroit par l'ouverture, repassez. Refermez l'ouverture à petits points glissés. Piquez à 0,5 cm en haut tout autour du sac pour consolider.

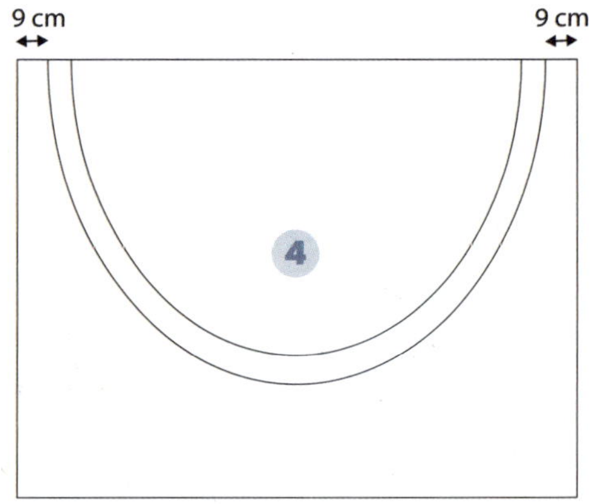

4

LE PETIT SAC EN LAINE

Choisissez de jolis lainages pour réaliser ce petit sac trapèze chic et pratique ! Vous pouvez aussi utiliser des cotonnades.

FOURNITURES

Chutes de tissus en laine

1 morceau de 42 x 42 cm pour le dos

1 morceau de 42 x 84 cm pour la doublure

MARCHE À SUIVRE (croquis 1)

Coupez tous les morceaux sans oublier d'ajouter 1,5 cm pour la valeur de couture. Exemple : le rectangle A, qui fera 4 x 5 cm une fois cousu, doit être coupé à 5,5 x 6,5 cm.

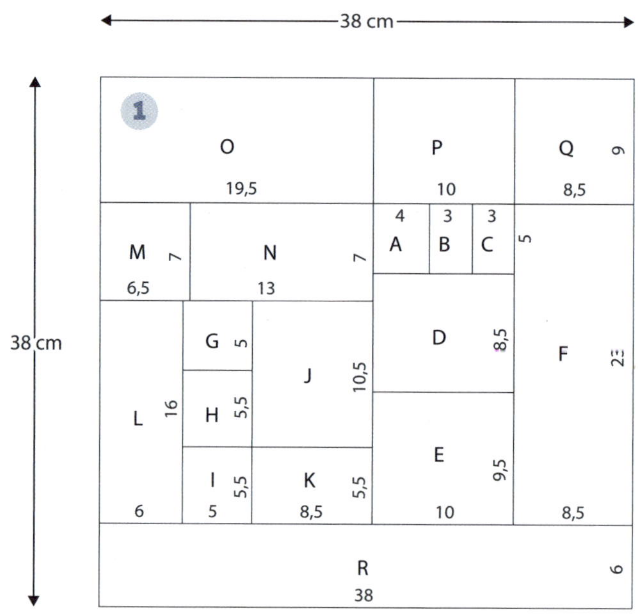

Scannez ce QR CODE pour accéder au patron du petit sac en laine

MONTAGE

Assemblez les rectangles A, B, et C, couchez la couture d'un côté, repassez. Assemblez au-dessous le rectangle D puis le rectangle E, repassez. Ajoutez le rectangle F à droite, repassez.

Continuez l'assemblage en couchant les coutures d'un côté et en repassant à chaque étape.

Assemblez les rectangles J et K.

Assemblez le carré G, et les rectangles H et I.

Assemblez ces deux bandes, puis cousez le rectangle L à gauche.

Assemblez les rectangles M et N, cousez la bande en haut.

Assemblez le montage obtenu au premier montage.

Assemblez les rectangles O, P et Q. Cousez la bande obtenue en haut.

Cousez la bande R en bas.

Repassez l'assemblage.

Une fois les feuilles du patron imprimées, découpez-les sur les pointillés et assemblez-les avec de la colle ou du scotch, en suivant le croquis de montage de la page 1.

Posez le patron sur le patchwork, recoupez à la dimension du patron.

Posez le patron sur le tissu pour le dos, coupez.

Assemblez l'endroit et le dos du sac, endroit contre endroit sur trois côtés.

DOUBLURE

Pliez le tissu de doublure en deux. Posez le patron repère X sur la pliure (repliez 0,75 cm du patron comme indiqué sur le patron), tracez la doublure, coupez. Assemblez les côtés en laissant une ouverture de 15 cm sur un côté.

ANSES

Coupez 2 morceaux de 6 x 48 cm.

Assemblez-les endroit contre endroit une fois. Ouvrez, repassez. Repliez les deux longs côtés de l'anse sur l'intérieur sur 1 cm. Repliez une deuxième fois en plaçant les côtés de l'anse bord à bord, épinglez, piquez. Ajoutez une deuxième piqûre de l'autre côté.

FINITIONS

Retournez le sac sur l'envers. Insérez la doublure dans le cabas endroit contre endroit. Placez les anses à l'intérieur, épinglez-les (croquis 2). Piquez tout autour en haut, retournez sur l'endroit par l'ouverture, repassez. Refermez l'ouverture à petits points glissés. Piquez à 0,5 cm en haut tout autour du sac pour consolider.

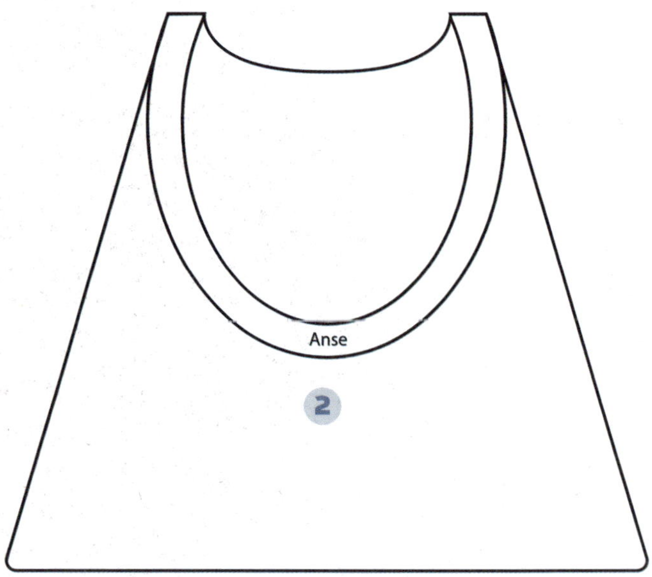

2

LE PLAID BÉBÉ BERLINGOT

DIMENSIONS : 80 X 112 CM

À la fois couverture et tapis d'éveil, ce petit plaid aux couleurs acidulées suivra le tout-petit de son lit au jardin en passant par les balades en poussette. Un indispensable !

Il est composé de 20 blocs de 16 x 16 cm

Bordure de petits carrés de 8 x 8 cm tout autour (croquis 1)

FOURNITURES

Tissu blanc cassé : 1,20 m

Tissus unis dans des tons de vert, bleu, bleu-vert, orangé, rouge, rose, violet : 20 cm

90 cm x 1,25 m de tissu pour la doublure

90 cm x 1,25 m de molleton coton ou bambou

20 cm de tissu bleu pour la bordure de finition

Un stylo effaçable

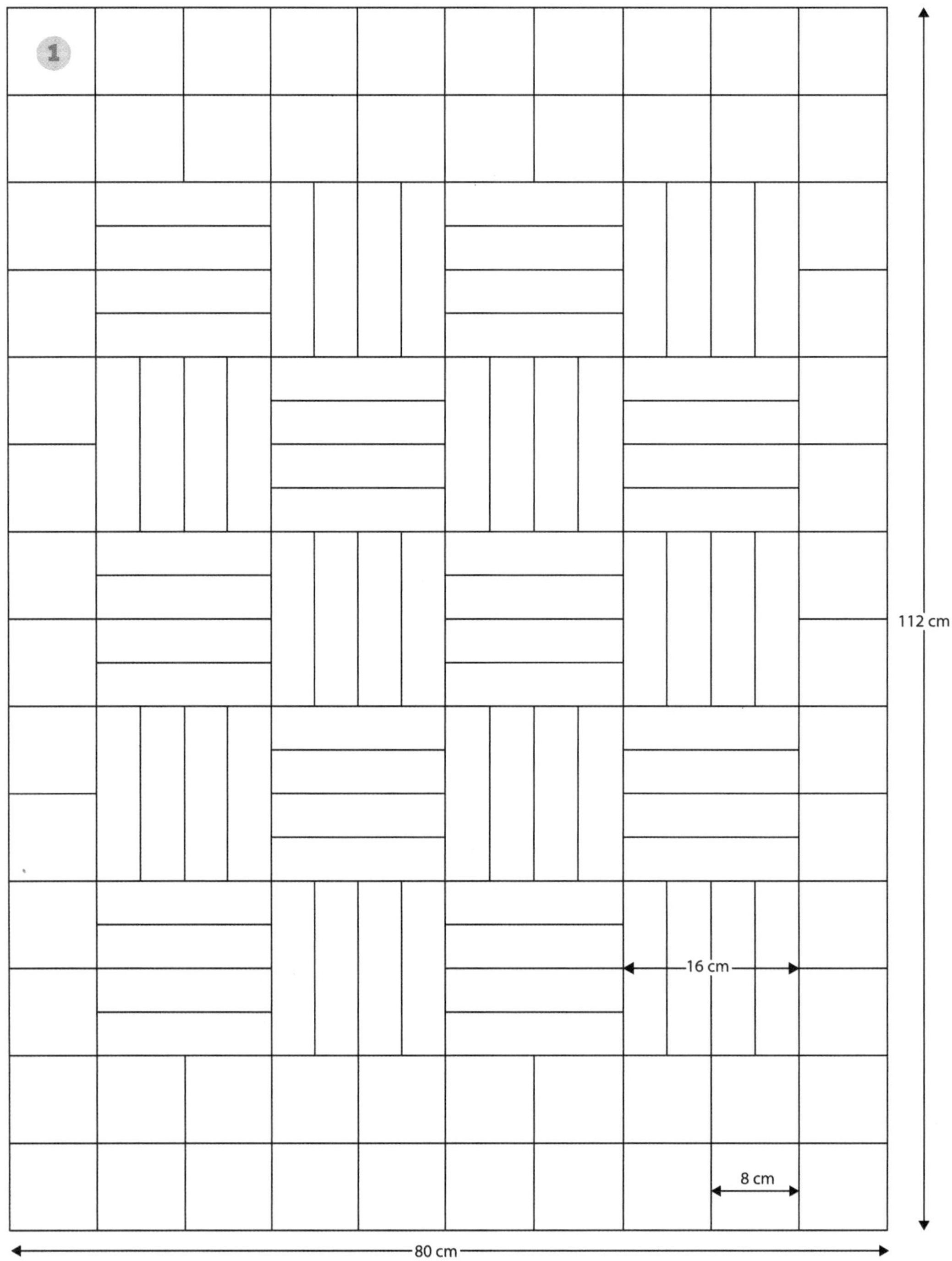
1
112 cm
16 cm
8 cm
80 cm

MARCHE À SUIVRE

Pour faire un bloc (croquis 2) :

Dans le tissu blanc cassé, coupez 2 rectangles de 5,5 x 17,5 cm

Dans deux tissus de couleur, coupez 1 rectangle de 5,5 x 17,5 cm

Assemblez les 4 rectangles

Couchez les coutures dans une direction, repassez.

Réalisez les 15 autres blocs en variant les couleurs.

MONTAGE

Assemblez les blocs en 4 rangées de 5 en inversant le sens des blocs. Couchez les coutures dans une direction opposée d'une rangée à l'autre (croquis 3).

Assemblez les rangées, repassez (croquis 4).

3

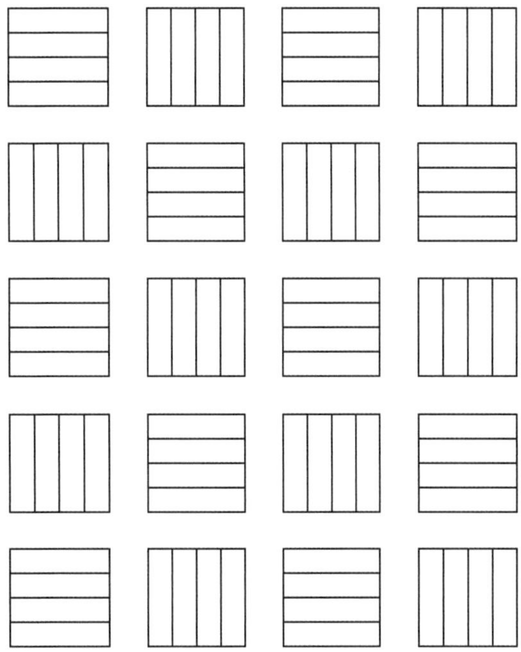

2

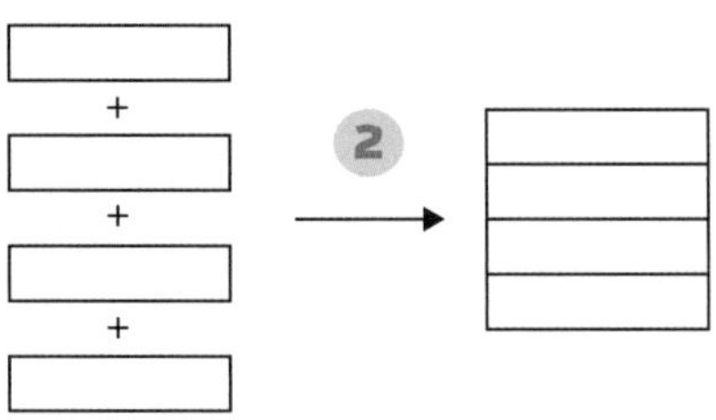

4

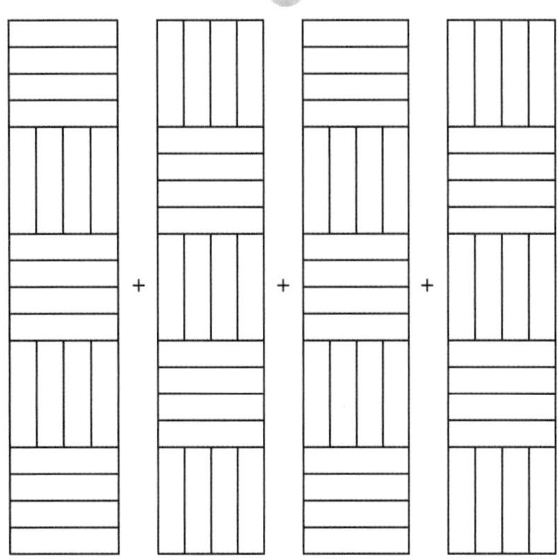

BORDURE

Dans le tissu blanc cassé, coupez 30 carrés de 9,5 x 9,5 cm

Dans les tissus de couleur, coupez 30 carrés de 9,5 x 9,5 cm

Soit 60 en tout.

BORDURES DE CÔTÉ

Assemblez 10 carrés en alternant les couleurs, couchez les coutures dans une direction, repassez. Cousez cette bande à gauche. Faites de même avec 10 autres carrés, cousez la bande à droite, repassez (croquis 5).

5

BORDURES EN HAUT ET EN BAS

Assemblez 10 carrés pour former une bande, couchez les coutures dans une direction, repassez. Réalisez 3 autres bandes.

Assemblez ces bandes deux par deux. Couchez les coutures, repassez.

Cousez une bordure en haut et une en bas. Repassez.

FINITIONS

Placez la doublure à plat sur une table, envers vers vous. Placez le molleton puis le petit plaid par-dessus, endroit vers vous, en laissant le molleton et la doublure dépasser tout autour. Bâtissez. À l'aide d'une longue règle, tracez les diagonales au feutre effaçable. Piquez le long des lignes en agrandissant le point à 3,5 ou 4 (voir «matelassage machine» page 25).

Recoupez la doublure et le molleton au ras du plaid.

Bordure de finition : dans le tissu bleu, coupez 4 bandes de 3,5 cm. Cousez-les bout à bout pour former une longue bande. Cousez-la sur l'endroit du plaid, repliez sur l'envers et cousez à petits points glissés (voir «bordures de finitions» page 26).

Ôtez le bâti et le feutre.

LE PETIT PLAID BÉBÉ EN PULLS

DIMENSIONS : 84 X 84 CM

Ce plaid taillé dans de vieux pulls tout doux sera idéal pour poser ou envelopper bébé en toute circonstance !

Ce plaid est composé de 16 blocs de 21 x 21 cm

- 8 blocs A
- 2 blocs B
- 3 blocs C
- 3 blocs D

FOURNITURES

Vieux pulls en cachemire et en laine dans des tons de jaune, vert, bleu, écru, gris

20 cm x 1 m de lainage blanc pour la bordure de finition

95 x 95 cm de tissu lainage pour la doublure

95 x 95 cm de molleton coton ou bambou

1,20 m d'entoilage thermocollant vlieseline fin

Vue d'ensemble

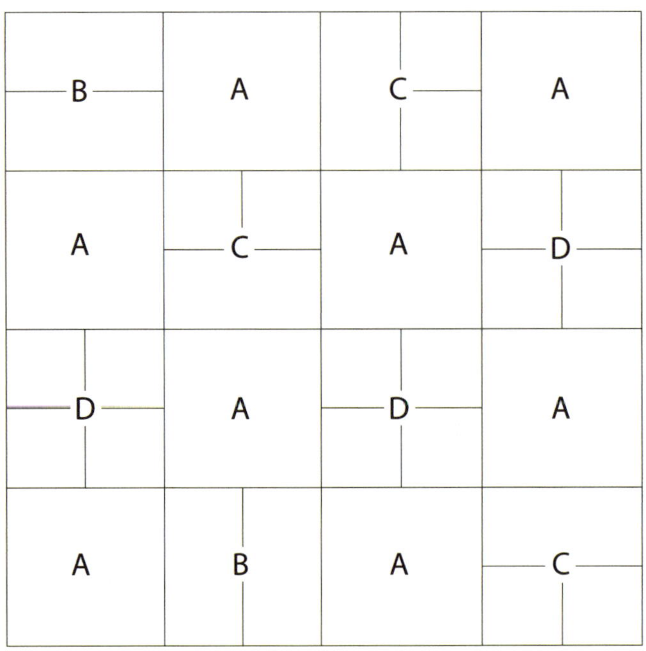

MARCHE À SUIVRE

POUR LE BLOC A (croquis 1)

Dans la vlieseline, coupez 1 morceau de 23,5 x 23,5 cm. Dans un pull, coupez 1 carré de 24,5 x 24,5 cm. Collez la vlieseline au dos du carré au fer à repasser. Recoupez le carré à 22,5 x 22,5 cm. Préparez ainsi 8 carrés.

POUR LE BLOC B (croquis 2)

Dans la vlieseline, coupez 2 morceaux de 13 x 23,5 cm. Dans 2 pulls, coupez un rectangle de 14,5 x 24,5 cm. Collez la vlieseline au dos au fer à repasser. Recoupez les rectangles à 12 x 22,5 cm. Assemblez-les pour former le bloc. Préparez 2 blocs B.

POUR LE BLOC C (croquis 3)

Dans la vlieseline, coupez 2 morceaux de 13 x 13 cm et 1 morceau de 13 x 23,5 cm. Dans trois pulls, coupez 2 carrés de 14 x 14 cm et 1 rectangle de 14,5 x 24,5 cm. Collez la vlieseline au dos au fer à repasser. Recoupez les carrés à 12 x 12 cm et le rectangle à 12 x 22,5 cm. Assemblez les 2 carrés, couchez la couture. Assemblez cette bande avec le rectangle. Préparez 3 blocs C.

POUR LE BLOC D (croquis 4)

Dans la vlieseline, coupez 4 carrés de 13 x 13 cm. Dans 4 pulls, coupez un carré de 14 x 14 cm. Collez la vlieseline au dos au fer à repasser, recoupez les carrés à 12 x 12 cm. Assemblez 2 carrés, couchez la couture dans un sens. Assemblez les 2 autres carrés, couchez la couture dans l'autre sens. Assemblez les 2 bandes. Préparez 3 blocs D.

1

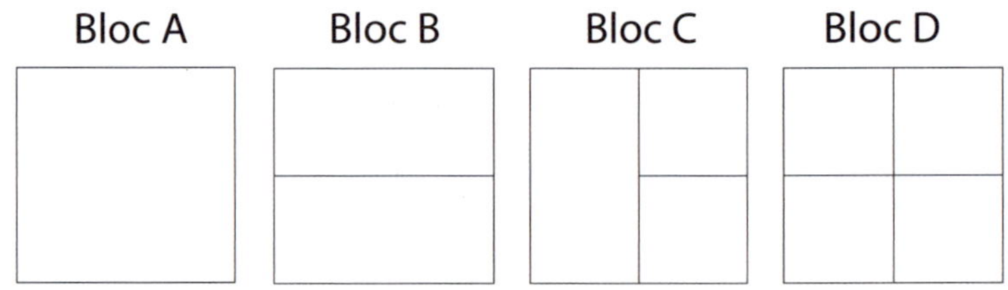

2

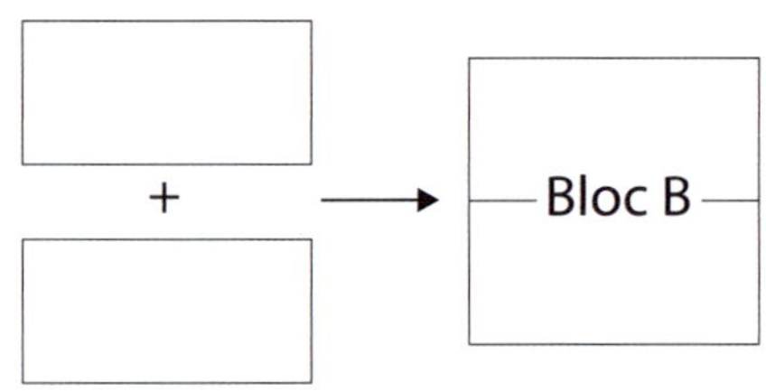

3

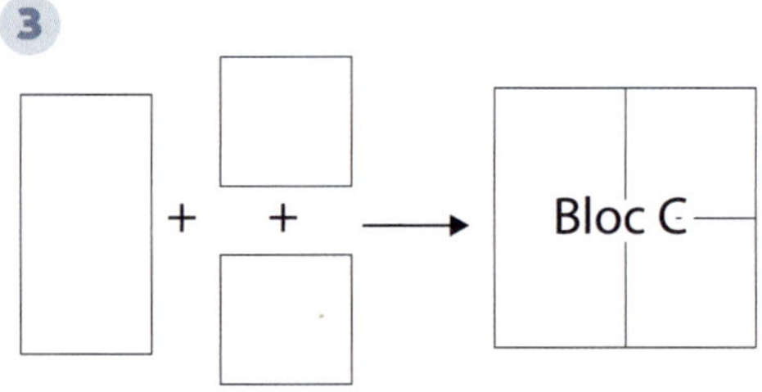

4

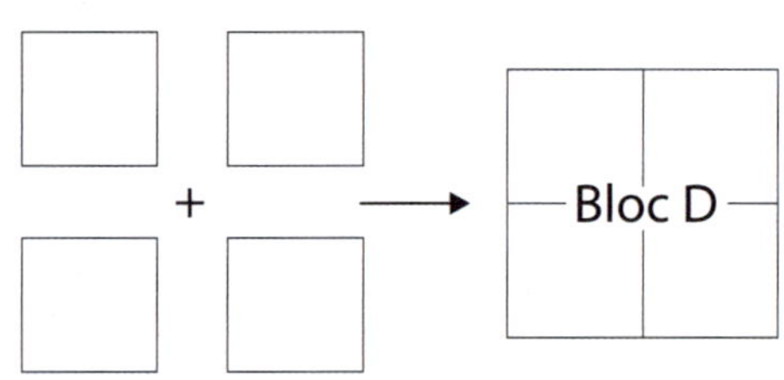

MONTAGE

Assemblez les blocs en 4 rangées de 4 blocs. Couchez les coutures dans une direction opposée d'une rangée à l'autre, repassez (croquis 5).

Assemblez les rangées (croquis 6). Repassez.

FINITIONS

Placez la doublure à plat sur une table, envers vers vous. Placez le molleton puis le petit plaid par-dessus, endroit vers vous, en laissant le molleton et la doublure dépasser tout autour. Bâtissez. Avec une aiguillée de fil, faites des points avant dans les coutures pour fixer avec la doublure. Recoupez la doublure et le molleton au ras du plaid.

Bordure de finition : dans le lainage blanc, coupez 4 bandes de 3,5 cm x 1 m. Cousez-les bout à bout. Posez-la sur l'endroit du plaid, repliez sur l'envers et cousez à petits points glissés (voir « bordures de finition » page 26).

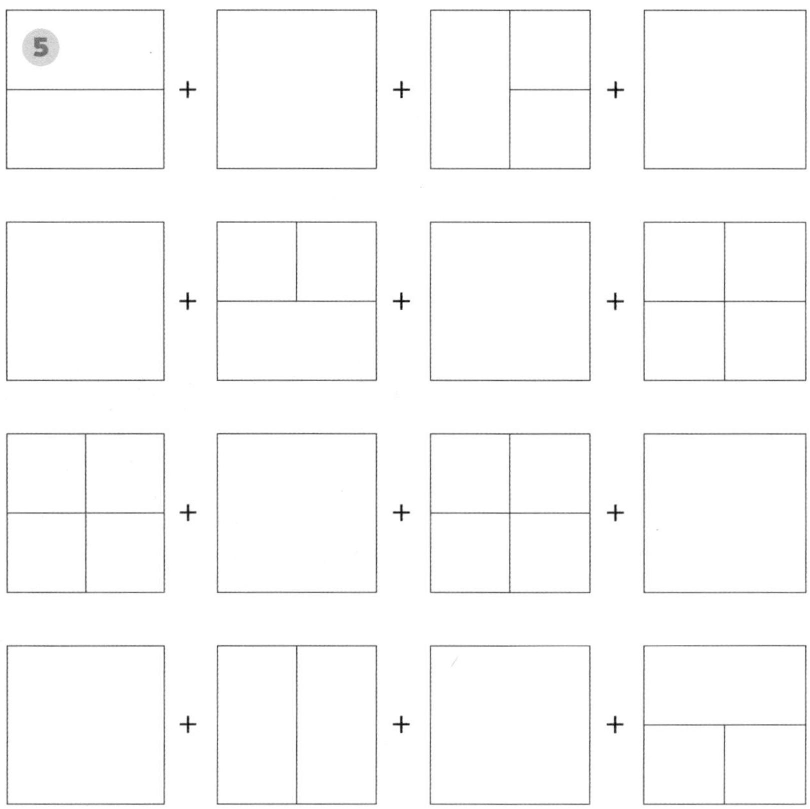

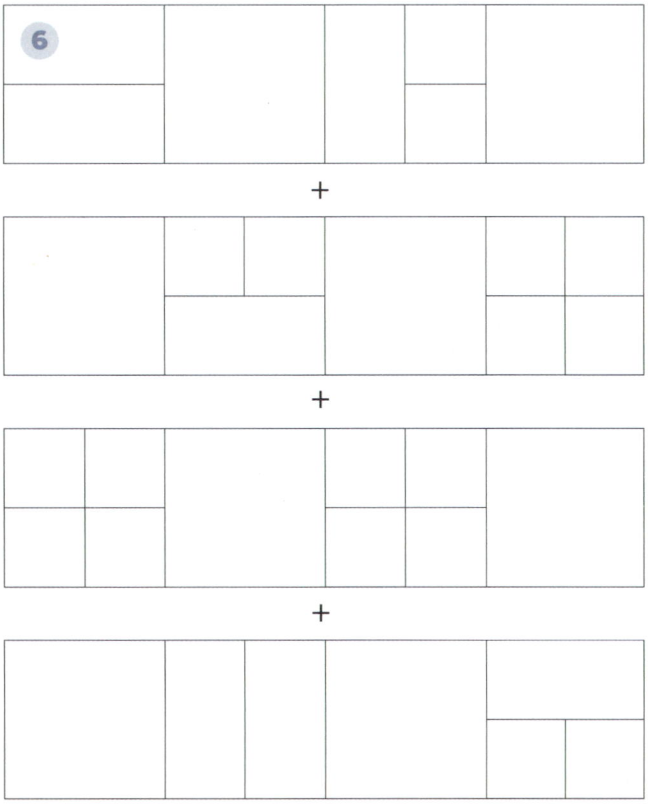
6
+
+
+

LE TOUR DE LIT BÉBÉ

DIMENSIONS : 3 PANNEAUX DE 35 X 60 CM

Grâce à ce tour de lit sécurisant aux tons joyeux, vos petits vont faire de beaux rêves en couleur !

FOURNITURES

Pour les tissus situés en haut et en bas : 20 cm de 6 tissus unis dans des tons de bleu, bleu-vert, vert, vert-jaune

Pour les carrés du milieu : chutes de jaune, orange, rose, rouille, brun, violet

Molleton : 3 morceaux de 40 x 70 cm

Toile à beurre ou tissu fin : 3 morceaux de 40 x 70 cm

Doublure : 3 morceaux de 40 x 70 cm

Ruban : 3,30 m d'un ruban en coton de 1 cm de large pour attacher les panneaux entre eux et aux barreaux du lit

MARCHE À SUIVRE

Chaque panneau est composé de deux couleurs dominantes en haut et en bas et de six couleurs dans les carrés du milieu.

Pour un panneau (croquis 1), coupez :

- dans le tissu A1 : 3 carrés de 11,5 x 11,5 cm et 3 rectangles de 11,5 x 16,5 cm
- dans le tissu A2 : 3 carrés de 11,5 x 11,5 cm et 3 rectangles de 11,5 x 16,5 cm
- dans les 6 autres tissus : 1 carré de 11,5 x 11,5 cm (soit 6 en tout)

Assemblez-les en 6 bandes de 3 morceaux, couchez les coutures, repassez. Assemblez les rangées, repassez (croquis 4).

Faites de même pour monter les deux autres panneaux en suivant les indications de couleurs des croquis 2 et 3.

MONTAGE

Placez le dessus d'un panneau sur le molleton et la toile à beurre, bâtissez. Matelassez dans les coutures. Recoupez l'excédent de molleton et de toile. Placez 2 morceaux de ruban de 20 dans les deux angles de gauche, et 1 morceau de ruban dans les angles de droite. Placez la doublure endroit contre endroit, bâtissez (croquis 5).

Piquez tout autour en laissant une ouverture de 10 cm, recoupez l'excédent de la doublure, retournez. Fermez l'ouverture à petits points glissés.

Le panneau du milieu a un seul ruban aux 4 coins.

Le panneau de droite a un seul ruban dans les coins gauches et deux rubans dans les coins droits.

Le panneau de gauche a deux rubans dans les coins gauches et un seul ruban dans les coins droits (croquis 6).

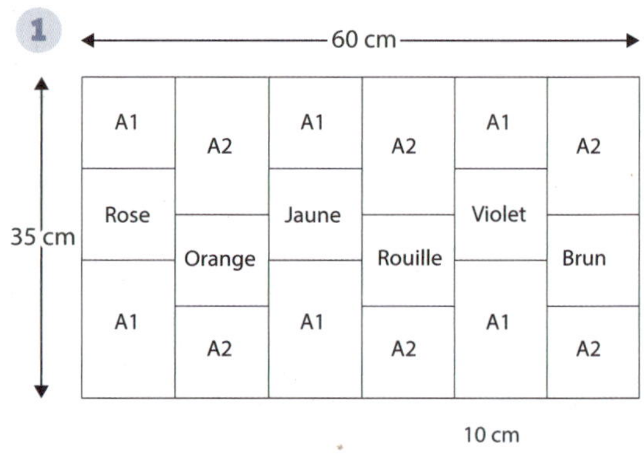

2

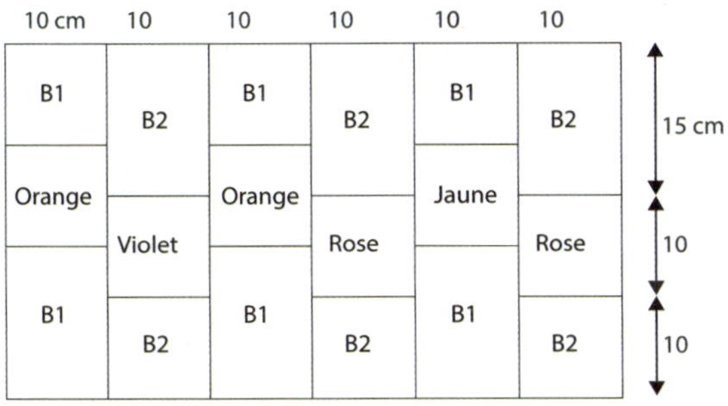
10 cm
10
10
10
10
10
15 cm
10
10
B1
B2
B1
B2
B1
B2
Orange
Violet
Orange
Rose
Jaune
Rose
B1
B2
B1
B2
B1
B2

3

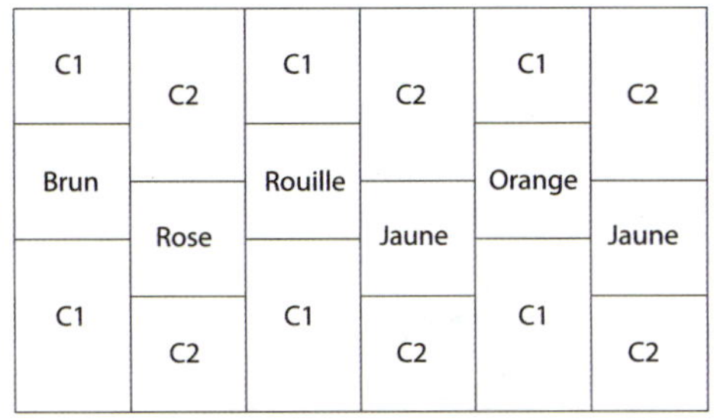
C1
C2
C1
C2
C1
C2
Brun
Rose
Rouille
Jaune
Orange
Jaune
C1
C2
C1
C2
C1
C2

4

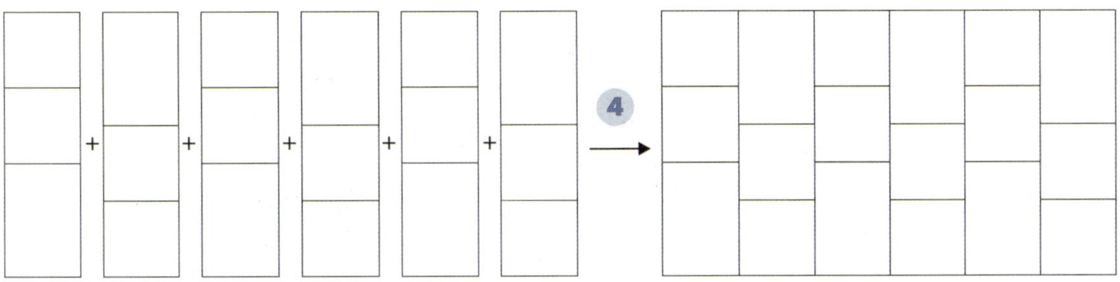

5

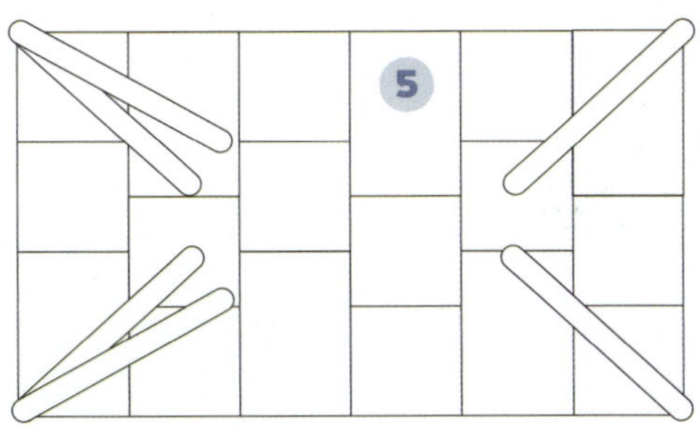

6

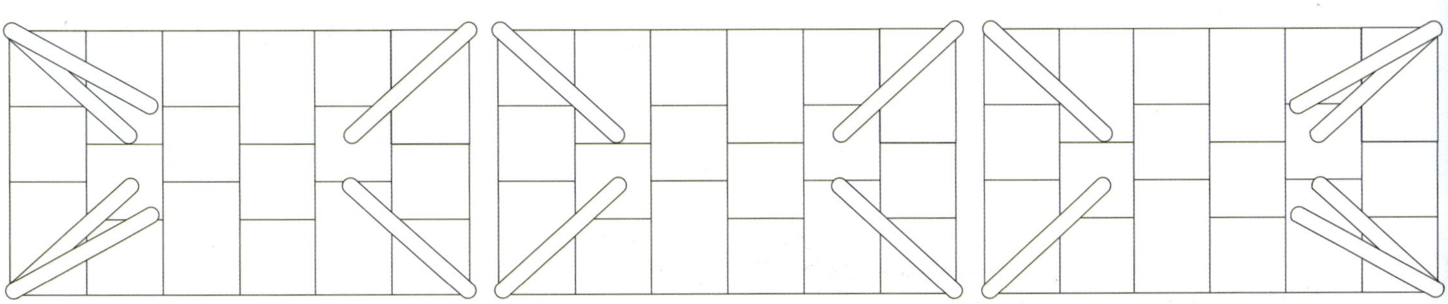

LA NAPPE

DIMENSIONS : 174 X 174 CM

Chinez de jolis tissus floraux vintage pour réaliser cette grande nappe à poser sur une table ou sur l'herbe pour un pique-nique bucolique.

Cette nappe est composée de 9 blocs de 45 x 45 cm

La première bordure mesure 7 cm de large,
la deuxième 20 cm

FOURNITURES

TISSUS :

45 x 45 cm de 9 tissus imprimés floraux

Première bordure : 40 cm x 1,40 m de tissu rayé vert et blanc

Deuxième bordure : 1 m x 1,80 m

1,85 x 1,85 m pour la doublure

Vue d'ensemble

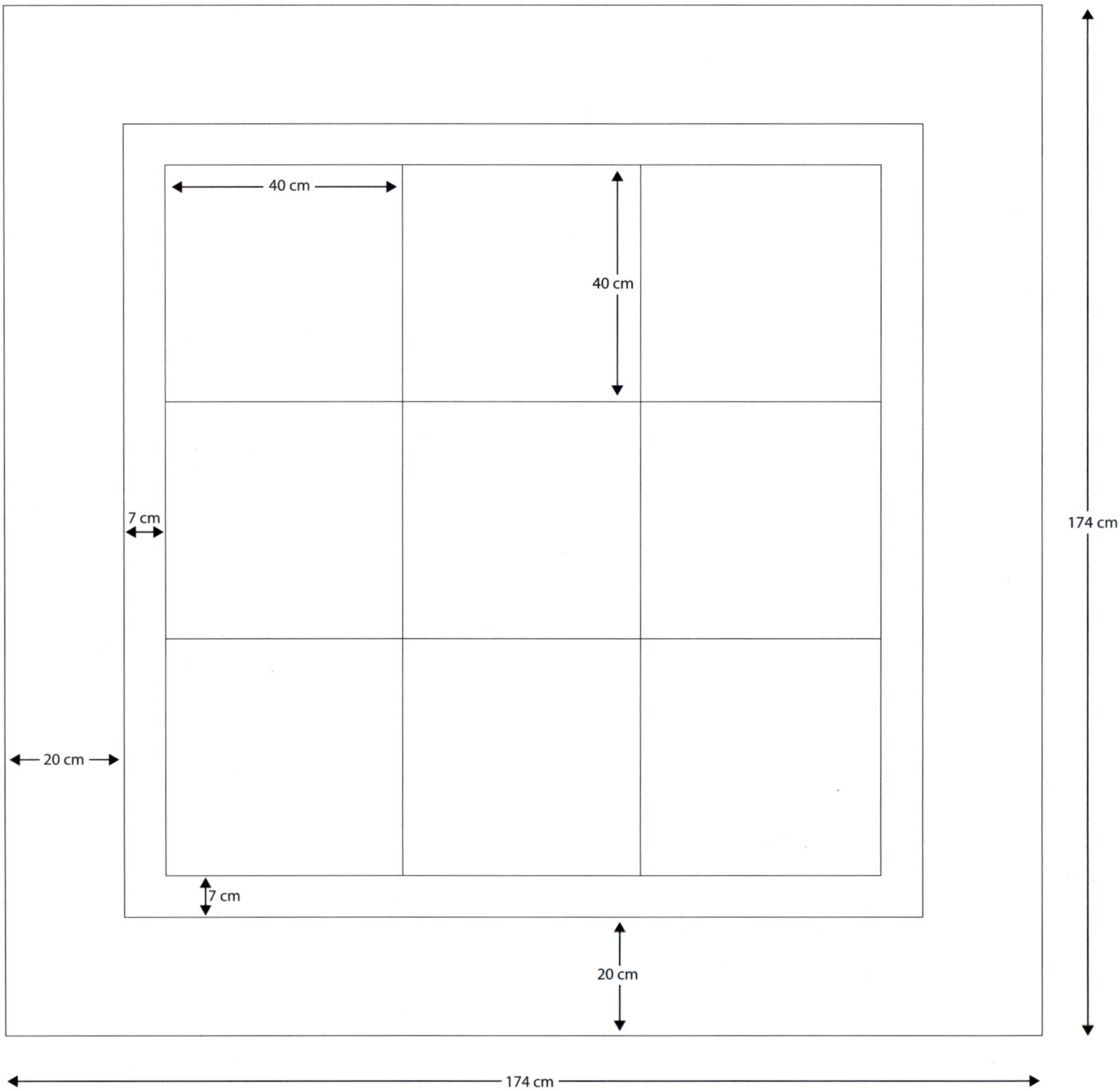

MARCHE À SUIVRE

Coupez 9 carrés de 41,5 x 41,5 cm.

Assemblez les blocs en 3 rangées de 3 blocs (croquis 1). Couchez les coutures dans une direction opposée d'une rangée à l'autre, repassez.

Assemblez les rangées. Repassez.

BORDURES

Dans le premier tissu, coupez 4 bandes de 8,5 cm de large x 1,40 m. En suivant les explications du paragraphe sur les bordures p. 24, recoupez-les à la bonne longueur et cousez-les autour. Repassez.

Dans le deuxième tissu, coupez 4 bandes de 21,5 cm x 1,80 m. Recoupez-les à la bonne longueur. Posez-les autour. Repassez.

FINITIONS

Placez la doublure à même le sol, endroit vers vous. Placez la nappe par-dessus, envers vers vous, en laissant la doublure dépasser tout autour.

Bâtissez.

Piquez tout autour en laissant une ouverture de 30 cm au milieu d'un côté.

Recoupez à 0,75 cm, retournez sur l'endroit. Refermez l'ouverture à petits points glissés.

1

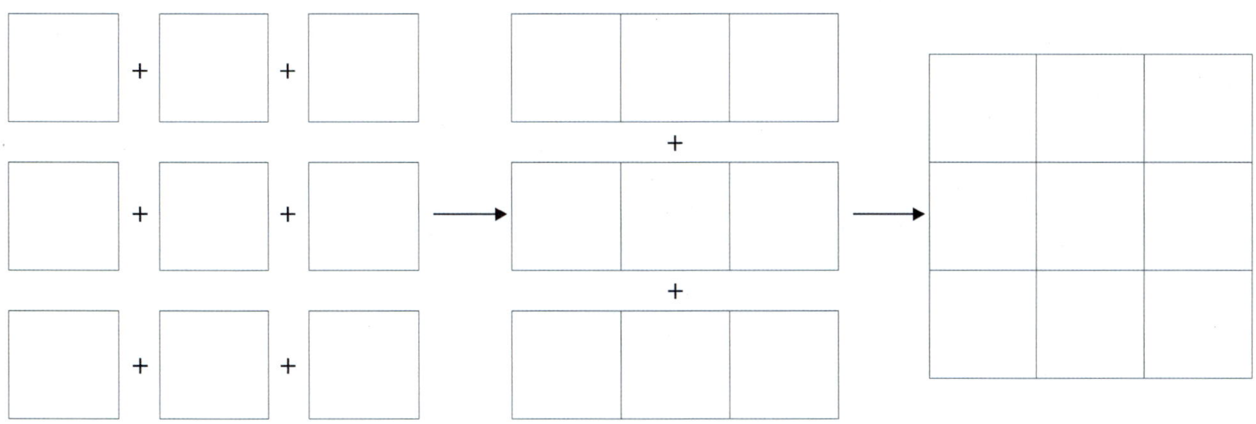

LE SWEAT-SHIRT

Pimpez vos simples sweat-shirts et ceux de vos enfants en appliquant des morceaux de patchwork qui vont leur donner un côté arty très personnel !

FOURNITURES

1 sweat-shirt

Chutes de tissus unis dans des tons de rouge, orangé, gris, blanc cassé, brun

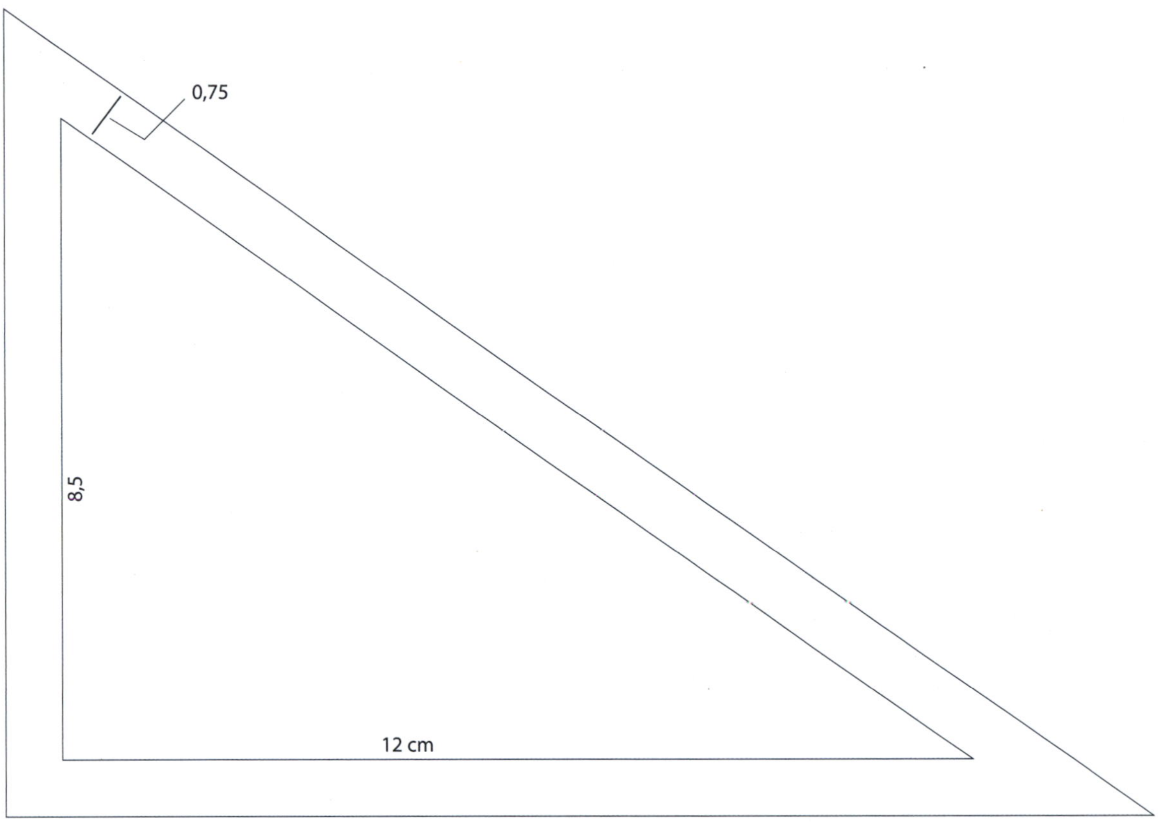

Gabarit A/B

MONTAGE

PANNEAU DE GAUCHE N° 1 (croquis 1)

Coupez les 9 morceaux du panneau de gauche sans oublier d'ajouter 1,5 cm pour la valeur de couture.

Exemple : le rectangle G, qui fera 6,5 x 22 cm une fois cousu, doit être coupé à 8 x 23,5 cm.

Décalquez le gabarit A/B sur du rhodoïd (voir gabarit). Tracez-le sur l'envers de deux tissus, assemblez-les. Couchez la couture, recoupez la pointe qui dépasse, repassez.

Continuez l'assemblage en couchant les coutures et en repassant à chaque fois.

Assemblez les rectangles C et D, cousez-les aux triangles précédents.

Assemblez les rectangles E et F, cousez-les au montage précédent. Ajoutez le rectangle G.

Assemblez les rectangles H et I, cousez-les en bas.

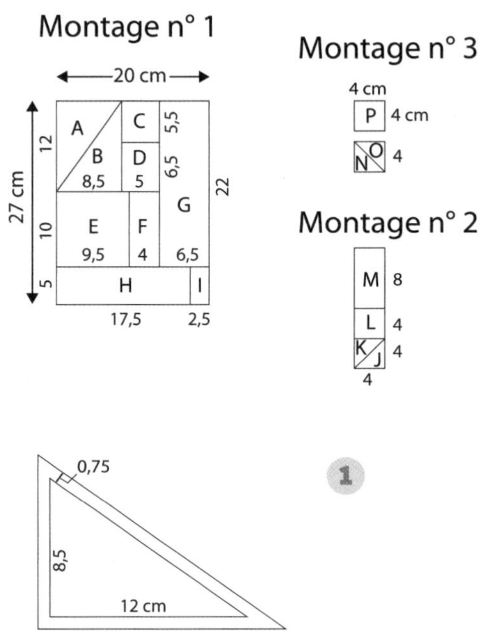

MONTAGE N° 2

Coupez 2 carrés de 6,65 x 6,65 cm. Coupez-les en deux. Assemblez les deux triangles J et K. Laissez les deux autres triangles de côté.

Coupez le carré L à 5,5 x 5,5 cm, cousez-le en haut. Coupez le rectangle M à 5,5 x 9,5 cm, cousez-le en haut (croquis 2).

MONTAGE N° 3

Coupez 2 carrés de 6,65 x 6,65 cm. Coupez-les en deux. Assemblez les deux triangles N et O. Laissez les deux autres triangles de côté.

CARRÉ P

Coupez un carré de 5,5 x 5,5 cm (croquis 3).

APPLIQUÉ

Faites un rentré de 0,75 cm tout autour du montage n° 1. Bâtissez-le.

Placez-le sur le sweat, bâtissez à nouveau.

Cousez-le sur le sweat à petits points glissés. Ôtez le bâti.

Faites de même avec les montages n° 2 et 3, puis le carré P.

FINITIONS

Matelassez chaque morceau à 0,5 cm du bord avec un fil blanc.

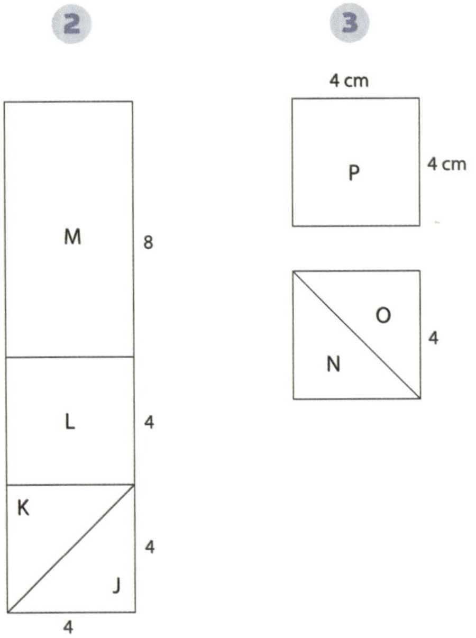

L'ÉCHARPE « SO BRITISH »

DIMENSIONS : 15 X 156 CM

Chinez de beaux lainages, tweeds, etc. pour réaliser cette écharpe chaude qui vous donnera un petit style anglais très chic. Vous pouvez aussi la confectionner avec des tissus plus légers en coton, unis ou imprimés.

FOURNITURES

Tissus : une vingtaine de chutes de tissus en lainage fin

18 x 160 cm de tissus en laine fine pour la doublure

Découpez les 11 morceaux de la bande 1

- A) 1 rectangle de 9 x 18,5 cm
- B) 1 rectangle de 9 x 8,5 cm
- C) 1 rectangle de 9 x 18,5 cm
- D) 1 rectangle de 9 x 18,5 cm
- E) 1 rectangle de 9 x 18,5 cm
- F) 1 rectangle de 9 x 17,5 cm
- G) 1 rectangle de 9 x 14,5 cm
- H) 1 rectangle de 9 x 12,5 cm
- I) 1 rectangle de 9 x 19,5 cm
- J) 1 rectangle de 9 x 10,5 cm
- K) 1 rectangle de 9 x 15,5 cm

Découpez les 12 morceaux de la bande 2

- L) 1 rectangle de 9 x 16,5 cm
- M) 1 rectangle de 9 x 12,5 cm
- N) 1 rectangle de 9 x 18,5 cm
- O) 1 rectangle de 9 x 14,5 cm
- P) 1 rectangle de 9 x 14,5 cm
- Q) 1 rectangle de 9 x 13,5 cm
- R) 1 rectangle de 9 x 11,5 cm
- S) 1 rectangle de 9 x 18,5 cm
- T) 1 rectangle de 9 x 12,5 cm
- U) 1 rectangle de 9 x 11,5 cm
- V) 1 rectangle de 9 x 11,5 cm
- W) 1 rectangle de 9 x 18,5 cm

MONTAGE

Assemblez les morceaux de la bande 1. Couchez les coutures dans la même direction.

Assemblez les morceaux de la bande 2. Couchez les coutures dans la même direction.

Assemblez les deux bandes.

Repasser soigneusement.

FINITIONS

Placez la doublure à plat, envers vers la table. Posez l'écharpe par-dessus, endroit contre endroit (donc l'envers vers vous). Épinglez puis bâtissez les deux épaisseurs.

Piquez tout autour à 0,75 cm en laissant une ouverture de 20 cm sur un côté. Recoupez l'excédent de la doublure au ras de l'écharpe.

Retournez l'écharpe sur l'endroit. Refermez l'ouverture à petits points avec un fil assorti.

Repassez.

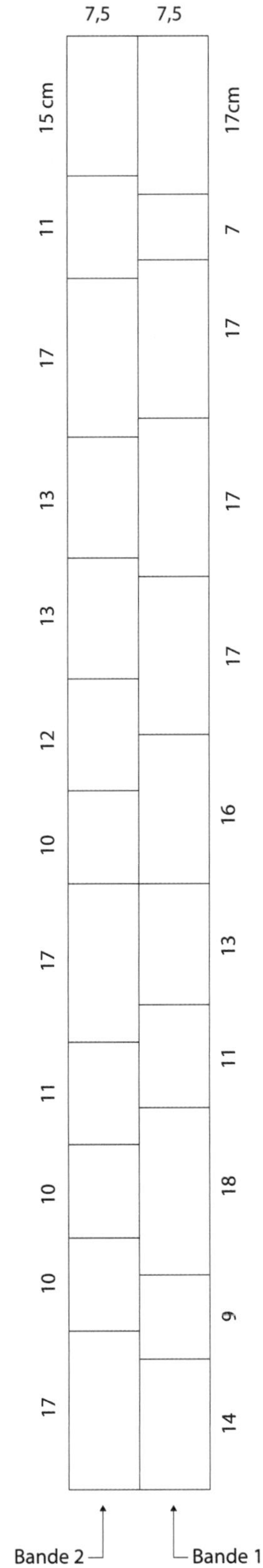

LA VESTE KIMONO

PATRON TAILLE M/L

Aussi à l'aise avec un jean qu'avec une jupe, cette veste délibérément oversize va apporter une touche tendance et unique à toutes vos tenues.

FOURNITURES

Tissus imprimés : 20 cm d'une quinzaine de tissus imprimés dans des tons de bleu, rouge, blanc cassé, beige, bleu-vert (il vous en restera pour d'autres projets)

Chutes de vert, vert-jaune, marron, ocre

Doublure : 2,50 m

Molleton plat 2,50 m (le molleton Nuage de chez PSR Quilt convient très bien)

Entoilage col tailleur : 40 cm x 1 m

2,50 m de biais replié 18 mm

Scannez ce QR CODE pour accéder au patron de la veste

MARCHE À SUIVRE

Réalisation des blocs : les blocs A et B mesurent 21 x 21 cm, les blocs C et D mesurent 24 x 24 cm.

BLOC A

Dans un tissu, coupez 4 carrés de 8,5 x 8,5 cm.

Dans un autre tissu, coupez 1 carré de 8,5 x 8,5 cm.

Dans 2 tissus (un clair et un foncé), coupez 2 carrés de 9,65 x 9,65 cm, recoupez-les en deux par les diagonales, vous obtenez 8 triangles.

Assemblez les triangles deux par deux (un clair et un foncé), couchez la couture, repassez, coupez les pointes qui dépassent.

Assemblez les carrés formés de deux triangles aux carrés entiers en trois bandes de 3. Couchez les coutures dans une direction opposée d'une rangée à l'autre, repassez. (croquis 1)

Assemblez les rangées, repassez.

BLOC B

Dans un tissu, coupez 4 carrés de 8,5 x 8,5 cm.

Dans un autre tissu, coupez 1 carré de 8,5 x 8,5 cm.

Dans deux tissus (un clair et un foncé), coupez 2 carrés de 9,65 x 9,65 cm, recoupez-les en deux par les diagonales, vous obtenez 8 triangles.

Assemblez les triangles deux par deux, couchez la couture, repassez, coupez les pointes qui dépassent.

Assemblez les carrés formés de deux triangles aux carrés entiers en trois bandes de 3. Couchez les coutures dans une direction opposée d'une rangée à l'autre, repassez.

Assemblez les rangées, repassez (croquis 2).

1

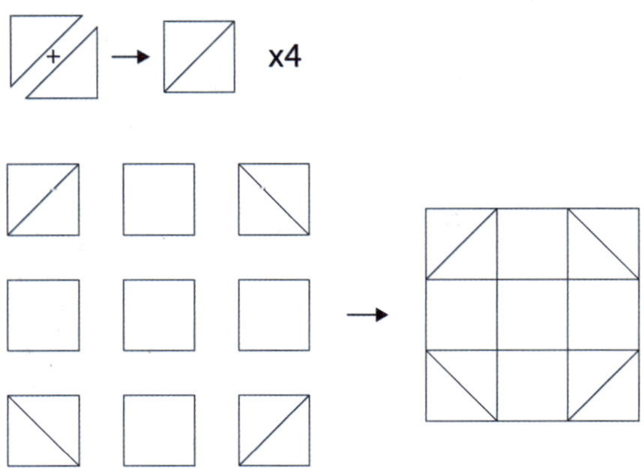

2

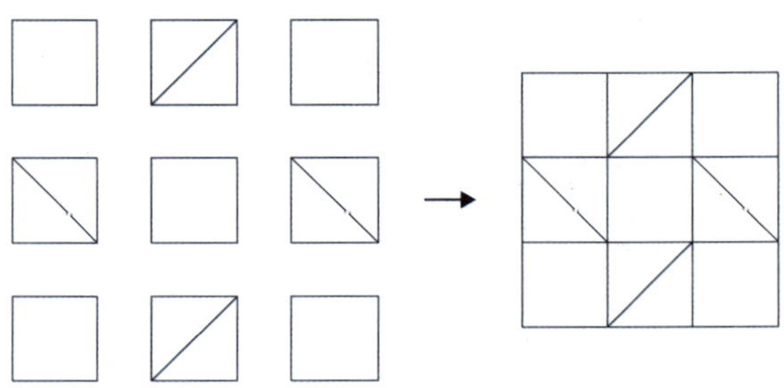

RÉALISATION DES DEVANTS

Devant gauche

Il vous faut 2 blocs A et 1 bloc B.
Dans différents tissus imprimés clairs : coupez 2 rectangles A de 4,5 x 22,5 cm, 2 rectangles B de 12 x 13,5 cm, 2 rectangles C de 9,5 x 12 cm.
Faites l'assemblage en couchant les coutures et en repassant à chaque étape.
Assemblez 2 rectangles B du haut. Cousez-les en haut du bloc A. Assemblez en bas un rectangle A, puis un bloc B, puis un rectangle A, puis un bloc A.
Assemblez deux rectangles C, cousez-les en bas.
Repassez.
Coupez une bande de 16,5 x 90,5 cm, cousez-la à gauche.
Coupez une bande de 11,5 x 90,5 cm, cousez-la à droite, repassez.

Devant droit

Il vous faut 2 blocs B et un bloc A.
Procédez comme pour le devant gauche. À la fin, assemblez la bande de 16,5 x 90,5 cm à droite et la bande de 11,5 x 90,5 cm à gauche.

Dos

Il vous faut 5 blocs A et 4 blocs B.
Faites deux bandes comme pour le devant gauche et une bande comme pour le devant droit. Coupez 2 bandes de 4,5 x 90,5 cm, assemblez-les entre les bandes précédentes.
Coupez 2 bandes de 16,5 x 90,5 cm, cousez-les à gauche et à droite, repassez.

Manches

Réalisation des blocs : ils mesurent 24 x 24 cm.

BLOC C

Dans un tissu, coupez 4 carrés de 9,5 x 9,5 cm.

Dans un autre tissu, coupez 1 carré de 9,5 x 9,5 cm.

Dans deux tissus, coupez 2 carrés de 10,65 x 10,65 cm, recoupez-les en deux par les diagonales, vous obtenez 8 triangles.

Assemblez les triangles deux par deux, couchez la couture, repassez, coupez les pointes qui dépassent.

Assemblez les carrés obtenus aux carrés entiers en trois bandes de 3. Couchez les coutures dans une direction opposée d'une rangée à l'autre, repassez (croquis 1).

Assemblez les rangées, repassez.

BLOC D

Dans un tissu, coupez 4 carrés de 9,5 x 9,5 cm.

Dans un autre tissu, coupez 1 carré de 9,5 x 9,5 cm.
Dans deux tissus, coupez 2 carrés de 10,65 x 10,65 cm, recoupez-les en deux par les diagonales, vous obtenez 8 triangles.
Assemblez les triangles deux par deux, couchez la couture, repassez, coupez les pointes qui dépassent.
Assemblez les carrés obtenus aux carrés entiers en trois bandes de 3. Couchez les coutures dans une direction opposée d'une rangée à l'autre, repassez.
Assemblez les rangées, repassez (croquis 2).

Bloc C

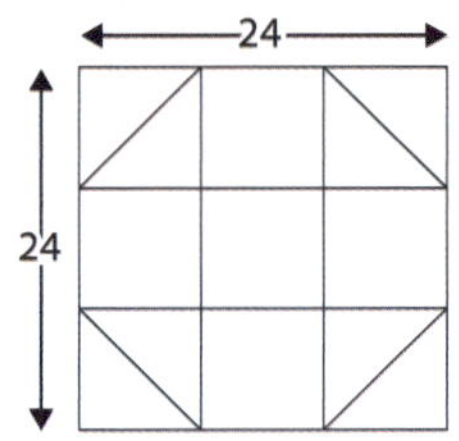

Bloc D

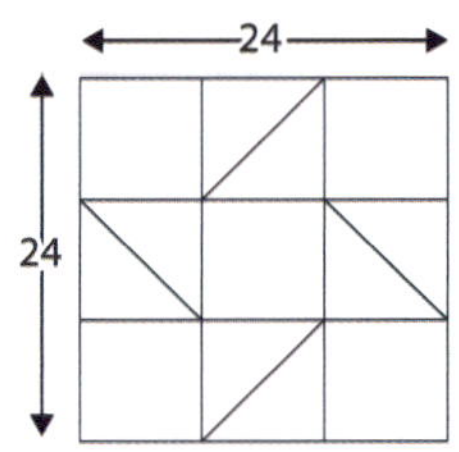

Montage devant

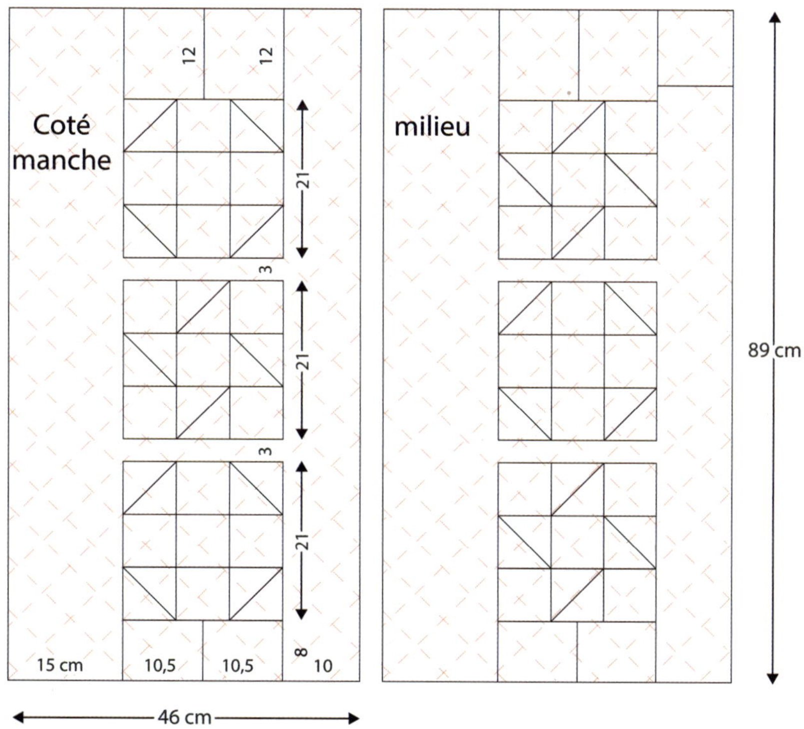

Montage dos

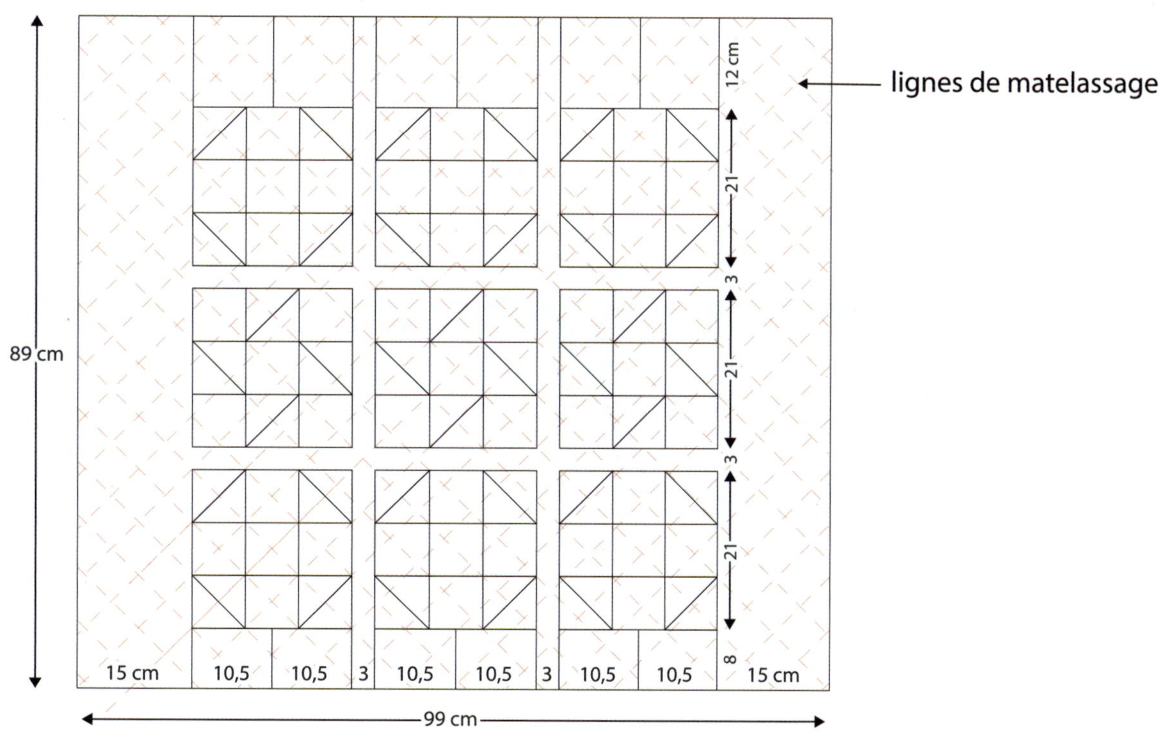

Montage manche

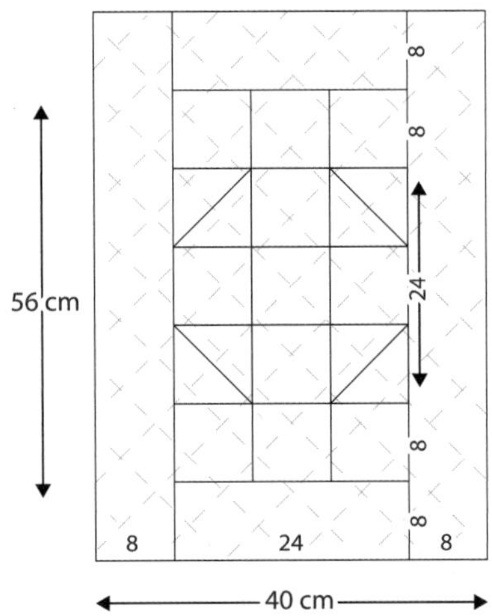

Manche Gauche

Manche Droite

Manche gauche : il vous faut un bloc C. Coupez 6 carrés de 9,5 x 9,5 cm. Assemblez-les par trois en deux rangées. Cousez-les en haut et en bas du bloc, repassez. Coupez deux bandes de 9,5 x 25,5 cm, cousez-les en haut et en bas, repassez. Coupez deux bandes de 9,5 x 57,5 cm, cousez-les à gauche et à droite. Repassez.

Manche droite : procédez comme pour la manche gauche avec un bloc D.

MATELASSAGE

Dans le molleton et la doublure, coupez des morceaux un peu plus grands que les pièces. Bâtissez chaque pièce avec le molleton et la doublure. Tracez des lignes dans les diagonales avec un feutre effaçable, piquez à la machine avec un fil blanc cassé en agrandissant le point avant à 3,5 cm, puis ôtez le bâti et le feutre (croquis 3). Recoupez le molleton et la doublure au ras du patchwork.

Une fois les feuilles du patron imprimées, découpez-les sur les pointillés et assemblez-les avec de la colle ou du scotch, en suivant le croquis de montage de la page 1.

Puis recoupez séparément chaque partie : dos, devant, manche et bande d'encolure.

MONTAGE DE LA VESTE

Les marges de couture de 1 cm sont comprises sur le patron.

Placez votre patron sur le tissu en centrant bien les motifs du patchwork au milieu de vos pièces de patron.

Coupez les deux devants, le dos, les deux manches, les quatre bandes d'encolure. Dans la doublure, coupez les deux devants, le dos, les deux manches.

COUTURE

- Assemblez le dos et le devant par les épaules, endroit contre endroit.
- Assemblez les manches au corps du vêtement, endroit contre endroit.
- Assemblez le dos et le devant par les côtés en partant du bout de la manche jusqu'en bas du vêtement.

ENCOLURE

- Assemblez les bandes d'encolure par les petits côtés endroit contre endroit avec le tissu principal. Faites de même avec la doublure, vous obtenez 2 grandes bandes.
- Entoilez l'une des grandes bandes d'encolure pour donner de la tenue au col.
- Assemblez les 2 bandes d'encolure obtenues précédemment sur l'un des longs bords endroit contre endroit.
- Prépliez au fer un rentré de 1 cm sur l'un des grands côtés.
- Repassez la bande sur l'endroit.
- Assemblez le côté non replié de la bande d'encolure au corps de la veste, endroit contre endroit. La couture d'assemblage des petits côtés (étape 1) correspond au milieu dos.
- Rabattez le coté non cousu laissé libre (celui avec le repli de 1 cm) sur la couture précédente. Elle se trouve donc prise en sandwich.
- Cousez à la main au point invisible.

FINITIONS

Posez le biais à cheval au bas du corps de la veste et au bas des manches. Pour cela, ouvrez le biais, épinglez-le sur le bord du bas de la veste et des manches endroit contre endroit. Piquez dans la pliure. Rabattez la moitié du biais vers l'envers de la veste et piquez à 1 mm du bord.

3

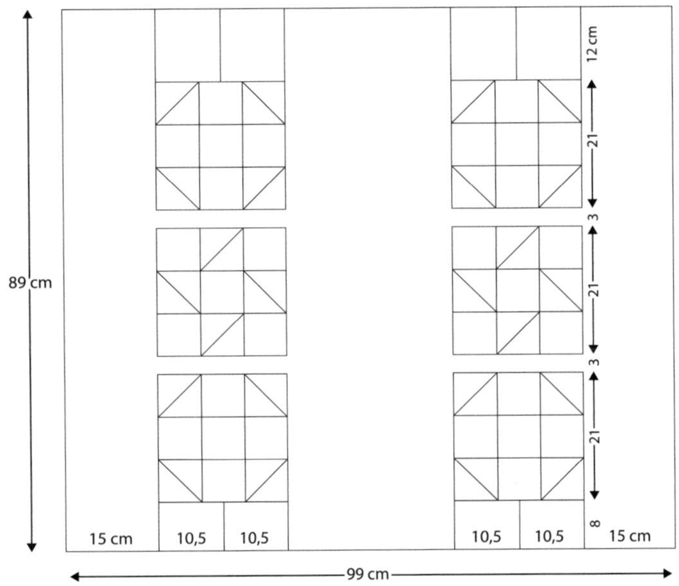

Dos

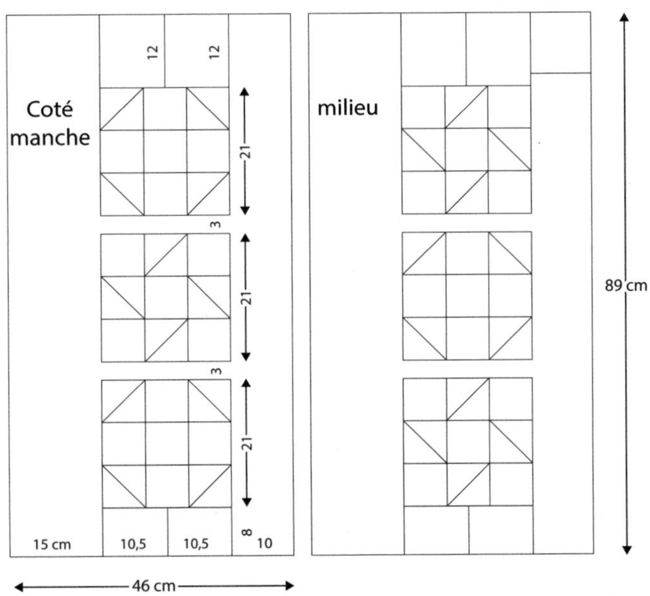

Devant

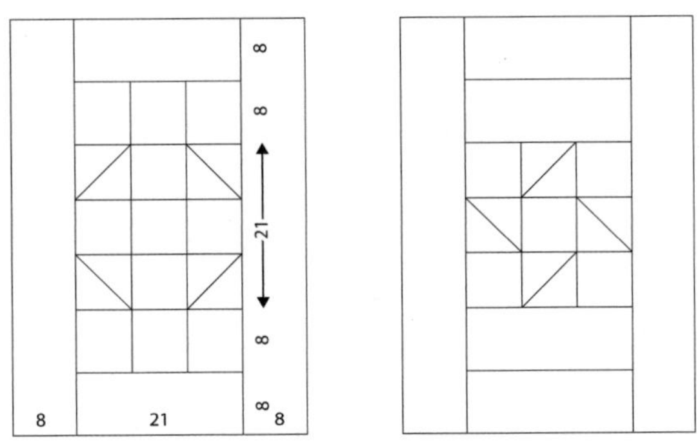

Manche

LE TABLIER EN JEAN

Les jeans usagés constituent une ressource inépuisable. Réutilisez-les dans ce tablier qui vous suivra de la cuisine au jardin !

FOURNITURES

TISSUS :

Chutes de jean

1 poche de jean : découpez-la dans un vieux jean en laissant 1 cm en haut

80 cm de tissu bleu pour la doublure

2 m de ruban bleu de 1,5 cm de large

Scannez ce QR CODE pour accéder au patron du tablier

MARCHE À SUIVRE (croquis 1)

Coupez tous les morceaux sans oublier d'ajouter 1,5 cm pour la valeur de couture. Exemple : les rectangles A et B, qui feront 10 x 15 cm une fois cousus, doivent être coupés à 11,5 x 16,5 cm.

MONTAGE

Assemblez les deux rectangles A et B, couchez la couture d'un côté, repassez. En haut, assemblez le rectangle C puis le rectangle D, repassez.

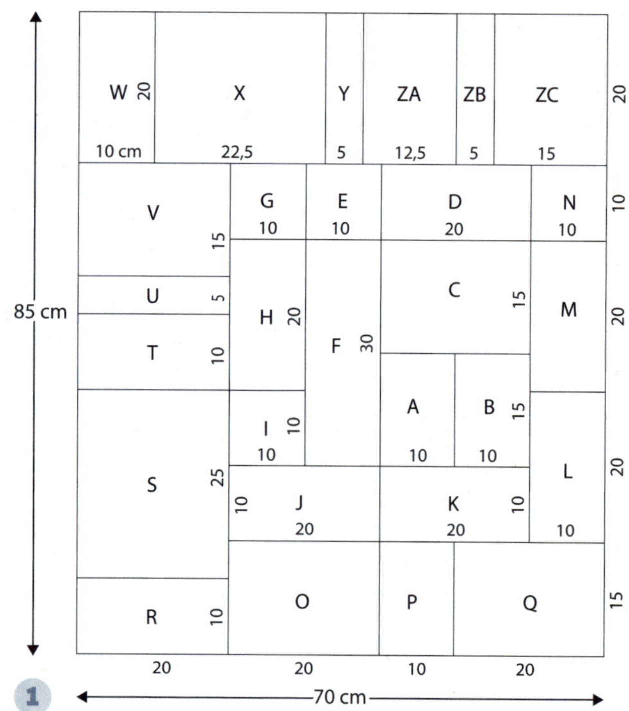

1

Assemblez le carré E et le rectangle F, repassez. Cousez cette bande à gauche, repassez. Assemblez le carré G, le rectangle H et le carré I, repassez. Posez la bande à gauche, repassez. Assemblez les rectangles J et K, repassez. Posez-les en bas, repassez. Assemblez les rectangles L et M et le carré N, repassez. Posez la bande à droite, repassez.

Bandes autour de la partie centrale :

Assemblez les rectangles O, P et Q, repassez. Cousez la bande en bas, repassez.

Assemblez les rectangles R, S, T, U et V, repassez. Cousez la bande à gauche, repassez.

Enfin, assemblez les rectangles W, X, Y, ZA, ZB et ZC, repassez, cousez la bande en haut. Repassez soigneusement l'assemblage. Posez la poche : placez la poche endroit contre endroit, piquez le haut juste au-dessus de l'ouverture de la poche. Repliez-la sur l'endroit du tablier, repassez. Cousez les côtés et le bas à la machine dans le sillon des coutures de la poche.

Une fois les feuilles du patron imprimées, découpez-les sur les pointillés et assemblez-les avec de la colle ou du scotch, en suivant le croquis de montage de la page 1.

Le montage patchwork est plus grand que le patron (de quelques centimètres) pour faciliter le positionnement du patron. Positionnez le patron sur le montage patchwork en laissant dépasser le patchwork. Recoupez le patchwork à la dimension du patron. Puis posez le tablier sur le tissu bleu, endroit contre endroit, recoupez le tissu bleu à 1 cm tout autour.

FINITIONS

Coupez 52 cm de ruban pour le haut et 2 fois 74 cm pour les côtés.

Placez les deux extrémités du ruban du haut endroit contre endroit en haut du tablier, et les 2 rubans de côté au bas de la courbe. Vérifiez que les rubans se trouvent bien à l'intérieur, maintenez par des épingles (croquis 2). Placez le tablier endroit contre endroit sur la doublure, piquez tout autour en laissant une ouverture de 20 cm sur un côté. Recoupez l'excédent de tissu bleu de doublure à 0,75 cm. Retournez le tablier sur l'endroit, refermez l'ouverture à petits points glissés.

2

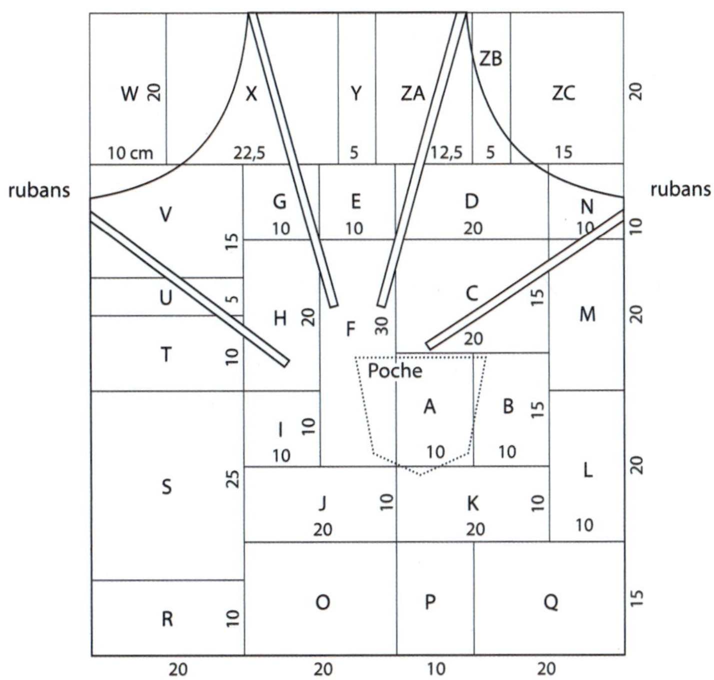

REMERCIEMENTS

Mes chaleureux remerciements aux Éditions Marabout
et à mes trois éditrices pour leur confiance :
Pascale Caron avec qui j'ai noué le premier contact,

Emmanuelle Radiguer pour ses encouragements et ses conseils,

Laurence Beaux pour son accompagnement précieux,

Violaine Marin pour la relecture,
les maquettistes et graphistes
pour la mise en page.

Merci à Sandra Brichet et Annick Tenreiro,
couturières émérites, pour leur aide technique
précieuse dans plusieurs projets du livre.

Merci à Vania Leroy-Thuillier pour le stylisme
et à Corinne Jamet pour les photos.
Quelle belle ambiance lors du shooting !

Merci à Yves, Alexandre et Mathieu Marziou,
mon mari et mes enfants, pour leur inconditionnel
soutien et pour leur résilience face aux épingles
perdues dans le canapé et aux bouts de tissus
et de fils traînant partout dans la maison !

Merci à mes quatre sœurs, Anne, Mireille, Pascale
et Françoise pour leur présence et leurs encouragements.

Merci à Diane de Obaldia (qui nous a quittés en 2012)
pour m'avoir fait confiance lorsque, à mon retour de Californie
– où j'avais vécu deux ans et découvert le patchwork –
elle m'a accueillie dans son équipe du Rouvray.
Ce magasin mythique de patchwork situé dans
le 5e arrondissement à Paris a fait rayonner le patchwork
en France et en Europe, des années 1970 jusqu'en 2012.

CARNET D'ADRESSES

TISSUS

– **Marché Saint-Pierre :**
2 rue Charles Nodier 75018 Paris

– **Tissus Reine :**
3-5 place Saint-Pierre 75018 Paris

– **Tissus vintage Paradis 63 :**
www.paradis63.fr

MERCERIE

– **Mercerie du marché Saint-Pierre :**
6 rue Charles Nodier 75018 Paris

– **Fil 2000 :**
65 rue Réaumur 75002 Paris

TISSUS ET MERCERIE (vente sur place et sur leur site)

– **Ecolaines :**
25 rue des Maréchales, rue de Lorient, 35132 Vezin-le-Coquet
www.ecolaines.com

– **Chez Marylène, atelier patchwork et point compté :**
62A Rue Frère Mérantius, 6760 Ruette, Belgique
www.atelier-patchwork.be

MOLLETONS

– **PSR Quilt :**
8 rue du Tour des Fossés, 89380 Appoigny
www.psrquilt.com

Cosabeth Parriaud est reconnue dans le monde du patchwork en tant que créatrice, professeure, artiste et auteure. Elle conçoit des projets pour des magazines spécialisés et des éditeurs de tissus. Elle se passionne depuis plusieurs années pour l'upcycling et les tissus de récup. Elle enseigne différents sujets sur le patchwork en France et en Europe.

Connue pour son travail sur la couleur et la transparence, elle s'est investie dès le début dans le mouvement du « patchwork contemporain » et ses quilts ont participé aux plus grandes expositions en France et à l'étranger. Cosabeth a également coécrit trois ouvrages : *Les Patchworks du Rouvray* (Martingale/T.P.P), *Patchwork, Les bases* (LTA) et *Provence, Quilts and Cuisine* publié par C&T en anglais.

Photographie de couverture : Richard Boutin

Merci à Louise Langlois pour sa participation.

Relecture : Violaine Marin

Mise en pages et photogravure : Nord Compo

Dessins techniques : Jean-Michel Cornu

54-9652-5

978-2-501-17262-2

Dépôt légal : octobre 2022

Achevé d'imprimer en Espagne par Graficas Estella.